Khamosh Charaag

ख़ामोश चराग़

خاموش چراغ

POETRY BY
SANJAY BHAT

یہ کتاب میری پیاری بیوی اور میرے پیارے بچوں کو سمرپت ہے جنھوں نے یہ کتاب لِکھنے کے دوران مجھے بِالکُل پریشان نہیں کیا

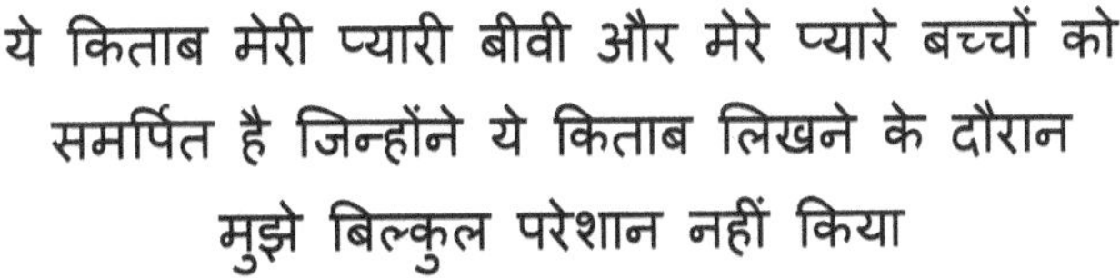

ये किताब मेरी प्यारी बीवी और मेरे प्यारे बच्चों को समर्पित है जिन्होंने ये किताब लिखने के दौरान मुझे बिल्कुल परेशान नहीं किया

فہرست

غزلیں

نظمیں

<u>फ़ेहरिस्त</u>

ग़ज़लें

नज़्में

تعارف

میں 15 اگست کو جموں و کشمیر، انڈیا میں پیدا ہوا ۔
میں پیشے سے ایک انجینئر ہوں اور شاعری کا پرجوش قدردان
ہوں۔

کالج کے دِنوں میں میں سَوریہؔ جگجیت سنگھ جی کی گائی
ہوئی غزلوں کے ذریعے اردو شاعری سے متاثر ہوا اور میں
شاعری کی طرف مائل ہوا ۔ اُن دنوں میں نے شاعرانہ فنیات
جیسے بحر وغیرہ سے کم علم ہونے کے باوجود شاعری لکھنا شروع
کیا جو ظاہر ہے اردو شاعری کے معیار کے مطابق نہیں تھی ۔

بحر اور دیگر باریکیوں کے بارے میں خود پڑھنے اور
سیکھنے کے بعد، میں نے صرف بحر میں لکھنا شروع کیا ۔
میرے کچھ پسندیدہ شاعر ہیں:-

مرزا غالب، میر تقی میر، شہریار، احمد فراز، ادا جعفری، فہمی
بدایونی، راجیش ریڈی، وسیم بریلوی، مخدومؔ محی الدین، ساحر

لدھیانوی، بشیر بدر، گلزار، جاوید اختر اور یہ فہرست بہت لَمبی ہے جو یہاں ساری کی ساری نہیں لکھی جا سکتی۔

ہمیشہ یَہی کہا جاتا ہے کہ قافیہ اردو شاعری کا دل ہے لیکن میں نے سمجھا اور جانا ہے کہ اردو شاعری کی خوبصورتی کو بڑھانے کے لیے ایک اچھی ردیف بھی اتنی ہی ضروری ہے۔ آئیے دیکھتے ہیں کہ غالب، احمد فراز اور مخدومؔ محی الدین نے اپنی شاعری میں کس قدر خوبصورتی سے مشکل ردیف کا استعمال کیا ہے:۔

ہیں اور بھی دنیا میں سخن ور بہت اچھے
کہتے ہیں کہ غالبؔ کا ہے اندازِ بیاں اور

#مرزا غالب

پھر اسی رہ گزار پر شاید

ہم کبھی مل سکیں مگر شاید

جان پہچان سے بھی کیا ہوگا

پھر بھی اسے دوست غور کر شاید

‏#احمد فراز

پھر چھڑی رات بات پھولوں کی

رات ہے یا برات پھولوں کی

یہ مہکتی ہوئی غزل مخدومؔ

جیسے صحرا میں رات پھولوں کی

‏#مخدومؔ محی الدین

ایک اور بات ہے جو شاعری میں نکھار پیدا کرتی ہے

جیسے سادَہ الفاظ سے ایک مَعْنیٰ خیز سنجیدہ بات کی طرف اشارہ

کرنا اور جو اس فن کا بخوبی استعمال کرتا ہے وہ میری نظر میں

یقیناً ایک عظیم شاعر ہے۔ آئیے اُستاد شاعروں کے کچھ اشعار

دیکھتے ہیں:۔

میں چپ رہتا ہوں اتنا بول کر بھی

تو چپ رہ کر بھی کتنا بولتا ہے

‏#فہمی بدایونی

اور ادا جعفری کا یہ شعر جو مجھے بے حد پسند ہے: -

ہاتھ کانٹوں سے کر لیے زخمی

پھول بالوں میں اک سجانے کو

#ادا جعفری

یہ تو تھیں کچھ عظیم شاعروں کی باتیں آئیے اب اِس بالکل عام

شاعر کے بارے میں کچھ اور جانتے ہے : -

Sanjay Bhat
Jammu & Kashmir
Leovicky7sbt@gmail.com
https://www.rekhta.org/poets/sanjay-bhat
https://poetistic.com/writers/SanjayBhat
https://www.instagram.com/leovicky7
https://www.facebook.com/leovicky7

तआ'रुफ़

मैं 15 अगस्त को जम्मू-कश्मीर, इंडिया में पैदा हुआ। मैं पेशे से एक इंजीनियर हूँ और शाइरी का पुरजोश क़द्र-दान हूँ।

कॉलेज के दिनों में मैं स्वर्गीय जगजीत सिंह जी की गाई हुई ग़ज़लों के ज़रिए उर्दू शाइरी से मुतअस्सिर हुआ और मैं शाइरी की तरफ़ माइल हुआ। उन दिनों मैंने शाइराना फ़नियात जैसे बहर[1] वग़ैरा से कम इलम होने के बावजूद शाइरी लिखना शुरू किया जो ज़ाहिर है उर्दू शाइरी के मयार के मुताबिक़ नहीं थी।

बहर और दीगर बारीकियों के बारे में ख़ुद पढ़ने और सीखने के बाद, मैंने सिर्फ बहर में लिखना शुरू किया।
मेरे कुछ पसंदीदा शायर हैं-

मिर्ज़ा ग़ालिब, मीर तक़ी मीर, शहरयार, अहमद फ़राज़, अदा जाफ़री, फ़हमी बदायूनी, राजेश रेड्डी, वसीम बरेलवी, मख़दूम मुहीउद्दीन, साहिर लुधियानवी, बशीर बद्र, गुलज़ार, जावेद अख़तर और ये फ़हरिस्त बहुत लंबी है जो यहां सारी की सारी नहीं लिखी जा सकती।

---

[1] **बहर** (poetic metre/prosody): the rhythmic structure of a poem, created by the arrangement of stressed and unstressed syllables in a line

हमेशा यही कहा जाता है कि क़ाफ़िया उर्दू शाइरी का दिल है लेकिन मैंने समझा और जाना है कि उर्दू शाइरी की ख़ूबसूरती को बढ़ाने के लिए एक अच्छी रदीफ़ भी उतनी ही ज़रूरी है। आईए देखते हैं कि ग़ालिब, अहमद फ़राज़ और मख़दूम मुहीउद्दीन ने अपनी शाइरी मैं किस क़दर ख़ूबसूरती से मुश्किल रदीफ़ का इस्तिमाल किया है:-

हैं और भी दुनिया में सुख़न-वर बहुत अच्छे
कहते हैं कि 'ग़ालिब' का है अंदाज़-ए-बयाँ और

#मिर्ज़ा ग़ालिब

फिर उसी रहगुज़ार पर शायद
हम कभी मिल सकें मगर शायद
जान-पहचान से भी क्या होगा
फिर भी ऐ दोस्त ग़ौर कर शायद

#अहमद फ़राज़

फिर छिड़ी रात बात फूलों की
रात है या बरात फूलों की
ये महकती हुई ग़ज़ल 'मख़दूम'
जैसे सहरा में रात फूलों की

#मख़दूम मुहीउद्दीन

एक और बात है जो शाइरी में निखार पैदा करती है जैसे सादा अलफ़ाज़ से एक माना-ख़ेज़ संजीदा बात की तरफ़ इशारा करना और जो इस

फ़न का बख़ूबी इस्तिमाल करता है वो मेरी नज़र में यक़ीनन एक अज़ीम शायर है। आईए उस्ताद शाइरों के कुछ अशआर देखते हैं:-

मैं चुप रहता हूँ इतना बोल कर भी

तू चुप रह कर भी कितना बोलता है

#फ़हमी बदायूनी

और अदा जाफ़री का ये शे'र जो मुझे बेहद पसंद है:-

हाथ काँटों से कर लिए ज़ख़्मी

फूल बालों में इक सजाने को

#अदा जाफ़री

ये तो थीं कुछ अज़ीम शाइरों की बातें आईए अब इस बिल्कुल आम शायर के बारे में कुछ और जानते है :-

Sanjay Bhat
Jammu & Kashmir
Leovicky7sbt@gmail.com
https://www.rekhta.org/poets/sanjay-bhat
https://poetistic.com/writers/SanjayBhat
https://www.instagram.com/leovicky7
https://www.facebook.com/leovicky7

اِس کِتاب میں کیا ہے

یہ شاعری کا مجموعہ اردو شاعری کی باریکیوں اور بناوٹ کو دھیان میں رکھتے ہوئے لکھا گیا ہے۔ اسے ہر ضروری پہلو جیسے شاعری کے لِیے درکار بحر (poetic metre/prosody) اور دوسرے پہلو جیسے سہی قوافی کو برتنے جیسی چیزوں کو مَدِّ نظر رکھتے ہوئے بے حد احتیاط سے قلم بند کیا گیا ہے ۔

میں نے یہی کوشش کی ہے کہ اردو/ہندی کے وہ الفاظ استعمال کروں جو ایک انسان اپنی روزمرّہ کے عام بول چال میں استعمال کرتا ہے تا کہ کسی بھی پڑھنے والے کو کسی لُغت کی ضرورت محسوس نہ ہو۔ اس کے علاوہ کچھ مشکل الفاظ کے مَعانی کی درکار جہاں کہیں بھی تھی پیج کے نیچے دِیے گئے ہیں ۔

امید ہے کہ پڑھنے والے اس کتاب سے لطف اندوز

ہوں گے اور ہر کوئی اپنی اپنی زندگی کے ذاتی تجربات سے اور

اپنے آس پاس ہونے والی سرگرمیوں سے خود کو اس

سے جوڑ پائے گا۔

شکریہ۔

اس کتاب میں کُل

❖	30	غزلیں

❖	09	نظمیں

❖	30	قطعات

❖	60	اشعار

شامل ہیں

इस किताब में क्या है

ये शाइरी का मज्मूआ उर्दू शाइरी की बारीकियों और बनावट को ध्यान में रखते हुए लिखा गया है। इसे हर ज़रूरी पहलू जैसे शाइरी के लिए दरकार **"बहर (poetic metre/prosody)** और दूसरे पहलू जैसे सही क़वाफ़ी को बरतने जैसी चीज़ों को मद्द-ए-नज़र रखते हुए बेहद एहतियात से क़लम-बंद किया गया है।

मैंने यही कोशिश की है कि उर्दू/हिंदी के वो अल्फ़ाज़ इस्तेमाल करूँ जो एक इंसान अपनी रोज़-मर्रा के आम बोल-चाल में इस्तेमाल करता है ता कि किसी भी पढ़ने वाले को किसी लुग़त की ज़रूरत महसूस न हो। इस के अलावा कुछ मुश्किल अल्फ़ाज़ के म'आनी की दरकार जहाँ-कहीं थी पेज के नीचे दिए गए हैं।

उम्मीद है कि पढ़ने वाले इस किताब से लुत्फ़-अंदोज़ होंगे और हर कोई अपनी अपनी ज़िन्दगी के ज़ाती तजरबात से और अपने आस-पास होने वाली सरगर्मियों से ख़ुद को इस से जोड़ पाएगा।

शुक्रिया।

इस किताब में कुल

- ➢ 30 ग़ज़लें
- ➢ 09 नज़्में
- ➢ 30 क़त'आत
- ➢ 60 अश'आर

शामिल हैं

———————————————

<u>غزل : 1</u>

اُسی رستے سے گزریں اور پرکھیں ہم نشاں اپنا

چلو دیکھیں ہے اب بھی کیا کسی لب پر یہاں اپنا

چلا ہوں عرش چھونے دیکھ کے پرواز پنچھی کی

یہ مانا جِسم بے دم ہے یوں دِل تو ہے جواں اپنا

جسے دِل سے بنایا تھا بڑے ارمان سے ہم نے

ہمارا راستا تکتا ہے کیا اب بھی مکاں اپنا

وہ کہتے ہو جسے تم دشت اک ویران سا کوئی

کبھی تھا وہ تو پُھولوں سے بھرا سارا جہاں اپنا

ہیں ہم ہی ہم تو دنیا میں نہیں ہے اور اب کوئی

نہ جانے کیسے ٹوٹے گا انا کا یہ گماں اپنا

فرشتوں اِس چمن کو تم سنوارو اپنے ہاتھوں سے

نہیں ہے رنگ پھولوں میں نہ کوئی باغباں اپنا

✳

<u>ग़ज़ल : 1</u>

उसी रस्ते से गुज़रें और परखें हम निशाँ अपना
चलो देखें है अब भी क्या किसी लब पर बयाँ अपना

चला हूँ अर्श[2] छूने देख के परवाज़ पंछी की
ये माना जिस्म बे-दम है यूँ दिल तो है जवाँ अपना

जिसे दिल से बनाया था बड़े अरमान से हम ने
हमारा रास्ता तकता है क्या अब भी मकाँ अपना

वो कहते हो जिसे तुम दश्त[3] इक वीरान सा कोई
कभी था वो तो फूलों से भरा सारा जहाँ अपना

हैं हम ही हम तो दुनिया में नहीं है और अब कोई
न जाने कैसे टूटेगा अना का ये गुमाँ अपना

फ़रिश्तों इस चमन को तुम सँवारो अपने हाथों से
नहीं है रंग फूलों में न कोई बाग़बाँ अपना

---

[2] sky
[3] desert

शे'र : 1

बस यही इक चाह[4] थी जो चाह बन के रह गई

तुम को सुनते रू-ब-रू इक आह बन के रह गई[5]

شعر : 1

بس یہی اک چاہ تھی جو چاہ بن کے رہ گئی

تُم کو سنتے رُوبرُو اک آہ بن کے رہ گئی

शे'र : 2

इक वो लम्हा था जो जिया था मैं

वर्ना हर लम्हा बस गुज़ारा है

شعر : 2

اک وہ لمحہ تھا جو جیا تھا میں

ورنہ ہر لمحہ بس گزارہ ہے

---

[4] wish

[5] sher written for missing Jagjit Singh's live concert at Jammu

क़ित'अ : 1

चोट कोई तो है यूँ ही तो दर्द नहीं
ये रुख़्सार[6] तिरा यूँ ही तो ज़र्द नहीं

कुछ उलझन है तो अर्ज़ी[7] दे ज़ाहिर तो कर
फिर न बताना रब तेरा हमदर्द नहीं

قطعہ : 1

چوٹ کوئی تو ہے یوں ہی تو درد نہیں

یہ رخسار ترا یوں ہی تو زرد نہیں

کچھ اُلجھن ہے تو عرضی دے ظاہر تو کر

پھر نہ بتانا رب تیرا ہمدرد نہیں

---

[6] face
[7] application

क़ित'अ : 2

मुझ से कहता नहीं कोई कुछ भी
ख़ुद से ख़ुद मैं कलाम करता हूँ

सर्द होने की है यही क़ीमत
अब क़फ़स[8] में मक़ाम[9] करता हूँ

قطعہ :2

مجھ سے کہتا نہیں کوئی کچھ بھی

خود سے خود میں کلام کرتا ہوں

سرد ہونے کی ہے یہی قیمت

اب قفس میں مقام کرتا ہوں

---

[8] cage
[9] to Live

<u>غزل : 2</u>

جو اُتر آئی ہے دل میں تیری ہی تصویر ہے

رنگ تیرا ہی ہے اِس میں تیری ہی تفسیر ہے

مہرباں ہے یہ کسی پر اور کسی سے ہے خفا

شوخ ہے یہ منچلی ہے کہنے کو تقدیر ہے

بارہا میں لوٹ آتا ہوں بھٹک کر اپنے گھر

لپٹی میرے پاؤں سے گھر کی کوئی زنجیر ہے

کیا اِرادہ کر لیا ہے مارنے اور مرنے کا

صاف دِکھتا ہے تمہارے ہاتھ میں شمشیر ہے

اِس جہاں کو جنگ کا میداں بنا بیٹھے ہو کیوں

کیوں گماں یہ ہے کہ دُنیا آپ کی جاگیر ہے

——•———••❋••———

<u>ग़ज़ल : 2</u>

जो उतर आई है दिल में तेरी ही तस्वीर है
रंग तेरा ही है इस में तेरी ही तफ़्सीर[10] है

मेहरबाँ है ये किसी पर और किसी से है ख़फ़ा
शोख़ है ये मनचली है कहने को तक़दीर है

बारहा मैं लौट आता हूँ भटक कर अपने घर
लिपटी मेरे पाँव से घर की कोई ज़ंजीर है

क्या इरादा कर लिया है मारने और मरने का
साफ़ दिखता है तुम्हारे हाथ में शमशीर है

इस जहाँ को जंग का मैदाँ बना बैठे हो क्यों
क्यों गुमाँ ये है कि दुनिया आप की जागीर है

---

[10] detail

शे'र : 3

मंज़िलें और भी हैं इक यही दर नहीं
ठान लो दिल में तो दूर अम्बर नहीं

❖

شعر : 3

منزلیں اور بھی ہیں اک یہی در نہیں

ٹھان لو دِل میں تو دُور امبر نہیں

❖

शे'र : 4

साथ जिस के हो हर पल रवाँ
शख़्स वो ही तो है दिलरुबा

❖

شعر : 4

ساتھ جِس کے ہو ہر پل رواں

شخص وہ ہی تو ہے دِلرُبا

❖

غزل : 3

انا کو کچھ اس طرح سے مات کر لو

زباں سے نہیں دِل سے کچھ بات کر لو

چُبھن ہے بہت چاند کی روشنی میں

جلا کے دِیا نرم یہ رات کر لو

کسے ہیں بہت طنز اس زندگی نے

لڑو زندگی سے اِسے گھات کر لو

وہ ہمدرد انساں بچے ہی کہاں ہیں

فرشتہ صفت خود کی ہی ذات کر لو

<u>ग़ज़ल : 3</u>

अना[11] को कुछ इस तरह से मात[12] कर लो
ज़बाँ से नहीं दिल से कुछ बात कर लो

चुभन है बहुत चाँद की रौशनी में
जला के दिया नर्म ये रात कर लो

कसे हैं बहुत तंज़[13] इस ज़िंदगी ने
लड़ो ज़िंदगी से इसे घात[14] कर लो

वो हमदर्द इंसाँ बचे ही कहाँ हैं
फ़रिश्ता-सिफ़त[15] ख़ुद की ही ज़ात कर लो

---

[11] ego
[12] defeat
[13] taunt
[14] control
[15] angelic qualities

शे'र : 5

हर्फ़-ब-हर्फ़[16] लिखी मेरी तक़दीर उस ने
काम में लाई मगर अपनी शमशीर उस ने

شعر:5

حرف بہ حرف لِکھی میری تقدِیر اُس نے
کام میں لائی مگر اپنی شمشِیر اُس نے

शे'र : 6

तू न मायूस होना मुझे दे के ग़म
ग़म रखे हैं कुछ और ख़ुद-कुशी के लिए

شعر:6

تو نہ مایوس ہونا مجھے دے کے غم
غم رکھیں ہیں کچھ اور خودکشی کے لئے

---

[16] word by word

نظم : 1

(مِٹّی اور پیڑ کی جڑ)

پیڑ کی جڑ کو

دیکھا ہے

کیسے مِٹّی کو

پکڑے رہتی ہے

اور جب مِٹّی کو

اِس قُربت کا احساس ہوتا ہے

تو جڑ کو اپنا رنگ دے دیتی ہے

<u>नज़्म : 1</u>
(मिट्टी और पेड़ की जड़)

पेड़ की जड़ को

देखा है

कैसे मिट्टी को

पकड़े रहती है

और जब मिट्टी को

इस क़ुर्बत[17] का एहसास होता है

तो जड़ को अपना रंग दे देती है

---

[17] closeness

<u>क़ित'अ : 3</u>

वक़्त के तख़्त पर हम बिछे इस तरह
ख़्वाब जो देखे थे ख़्वाब ही रह गए

इन तरसती निगाहों में दिखता ही क्या
आब-ए-ग़म[18] बन के हम आँख से बह गए

<u>قطعہ :3</u>

وقت کے تخت پر ہم بچھے اِس طرح
خواب جو دیکھے تھے خواب ہی رہ گئے

اِن ترستی نگاہوں میں دِکھتا ہی کیا
آبِ غم بن کے ہم آنکھ سے بہہ گئے

---

[18] tear of sorrow

<u>**क़ित'अ : 4**</u>

ज़िन्दगी चल नज़र खोल के चल
दिल में ईमान को घोल के चल

दोस्त हर कोई फिर तेरा होगा
प्यार से सब से तू बोल के चल

<u>**قطعہ:4**</u>

زندگی چل نظر کھول کے چل
دل میں ایمان کو گھول کے چل

دوست ہر کوئی پھر تیرا ہو گا
پیار سے سب سے تُو بول کے چل

غزل : 4

غم ہے کیا کچھ پتا ہی نہیں

درد ہے پر سزا ہی نہیں

زِیست بے رنگ ادا ہی نہیں

رنگ تھا جو کھلا ہی نہیں

ہم ہی مُجرِم ہیں معلُوم ہے

اور کِسی کی خطا ہی نہیں

دِل کی بازی وہ ہارا ہے یُوں

جیسے دِل سے لڑا ہی نہیں

زندگی سنگ دِل ہے بہُت

کون ہے جو پِسا ہی نہیں

ग़ज़ल : 4

ग़म है क्या कुछ पता ही नहीं
दर्द है पर सज़ा ही नहीं

ज़ीस्त[19] बे-रंग अदा ही नहीं
रंग था जो खिला ही नहीं

हम ही मुजरिम हैं मालूम है
और किसी की ख़ता ही नहीं

दिल की बाज़ी वो हारा है यूँ
जैसे दिल से लड़ा ही नहीं

ज़िंदगी संगदिल[20] है बहुत
कौन है जो पिसा ही नहीं

---

[19] life
[20] cold hearted

शे'र : 7

वो ही चेहरा वो ही आँखें वो ही दस्त-ओ-बाज़ू[21]

दर-ओ-दीवार[22] न बदली न ही वो घर मेरा

────✳────

شعر: 7

وہ ہی چہرہ وہ ہی آنکھیں وہ ہی دست و بازو

در و دیوار نہ بدلی نہ ہی وہ گھر میرا

────✳────

शे'र : 8

कुछ तो हो जिस का तजरबा सा हो

ज़ीस्त तरसे किसी हुनर के लिए

────✳────

شعر: 8

کچھ تو ہو جس کا تجربہ سا ہو

زیست ترسے کسی ہنر کے لئے

────✳────

---

[21] hands and arms
[22] door and walls

غزل : 5

تھا جُنوں دِل میں اثر جانے تک

دِل کی دِل میں رہی نقص آنے تک

اُن کا آنا ہے فقط کھیل کوئی

بس رکے ہیں وہ تو اُلجھانے تک

جو انا یوں ہی کُشادہ سی تھی

سِمٹی ہے لوگوں کو اکسانے تک

میرے افسانے میں تھے کچھ چُھپے راز

پہنچے ہیں جو کسی بیگانے تک

عُمر بھر کی نہ بُجھی پیاس تری

چل چلیں ہم کسی میخانے تک

<u>ग़ज़ल : 5</u>

था जुनूँ दिल में असर जाने तक
दिल की दिल में रही नक़्स[23] आने तक

उनका आना है फ़क़त[24] खेल कोई
बस रुके हैं वो तो उलझाने तक

जो अना यूँ ही कुशादा[25] सी थी
सिमटी है लोगों को उकसाने तक

मेरे अफ़्साने में थे कुछ छुपे राज़
पहुँचे हैं जो किसी बेगाने तक

उम्र भर की न बुझी प्यास तेरी
चल चलें हम किसी मयख़ाने[26] तक

---

23 error
24 merely
25 broad
26 bar

शे'र : 9

क्यों ऐसा हो कि हर पल आज ही में गुज़रे
यूँ भी तो हो कोई लम्हा माज़ी में गुज़रे

شعر:9

کیوں ایسا ہو کہ ہر پل آج ہی میں گُزرے

یوں بھی تو ہو کوئی لمحہ ماضی میں گُزرے

शे'र : 10

ख़ुद से ख़ुद की लड़ाई का अपना ही मज़ा है
फिर शिकवा न किसी से बस ख़ुद को ही सज़ा है

شعر:10

خود سے خود کی لڑائی کا اپنا ہی مزا ہے

پھر شِکوہ نہ کِسی سے بس خود کو ہی سزا ہے

क़ित'अ : 5

ये रंगीन आँचल ये पुर नूर[27] चेहरा
खनक पायलों की ये चूड़ी का घेरा

जहाँ तक भी देखो है ख़ुशबू तुम्हारी
तुम्हारी चमक से है दिल में सवेरा

قطعہ: 5

یہ رنگین آنچل یہ پُر نُور چہرا
کھنک پائلوں کی یہ چوڑی کا گھیرا

جہاں تک بھی دیکھو ہے خوشبو تمہاری

تمہاری چمک سے ہے دل میں سویرا

---

[27] illuminated

<u>क़ित'अ : 6</u>

फूल देते हो तुम फूल को
फूल सा दिल भी रखते हो क्या

ये तो माना कि आशिक़ हो तुम
क़द्र भी मेरी करते हो क्या

••————••✳••————••

<u>قطعہ 6:</u>

پھول دیتے ہو تم پھول کو
پھول سا دل بھی رکھتے ہو کیا

یہ تو مانا کہ عاشِق ہو تم
قدر بھی میری کرتے ہو کیا

••————••✳••————••

غزلِ : 6

چاہنے والے قیامت کی نظر رکھتے ہیں
وہ اگر دیکھیں تو دھڑکن پہ اثر رکھتے ہیں

وہ جو ہر وقت نظر آتے ہیں گُم صُم بے حِس
دِل کی تہ میں کہیں چاہت کا شرر رکھتے ہیں

وہ چلا تو گیا اُس درسے مگر آج بھی ہم
مُنتظِر یوں ہیں کہ ہر در پہ نظر رکھتے ہیں

میرے سائے سے کسی کو نہ بِلا ہے سایا
اپنے سائے کے لِئے خود کا شجر رکھتے ہیں

شہد سی شیریں یوں مانا کہ زباں ہے اپنی
صاف نیّت کی دِلوں میں تو کسر رکھتے ہیں

یہ ہنسی اپنی تو دنیا کے لِئے ہے لیکن
اشکُ باری کے لِئے اپنا ہی گھر رکھتے ہیں

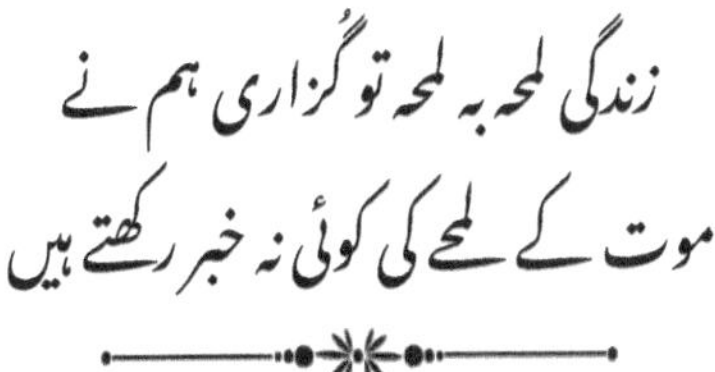
زندگی لمحہ بہ لمحہ تو گزاری ہم نے
موت کے لمحے کی کوئی نہ خبر رکھتے ہیں

<u>ग़ज़ल : 6</u>

चाहने वाले क़यामत की नज़र रखते हैं
वो अगर देखें तो धड़कन पे असर[28] रखते हैं

वो जो हर वक़्त नज़र आते हैं गुम-सुम बे-हिस[29]
दिल की तह[30] में कहीं चाहत का शरर[31] रखते हैं

वो चला तो गया उस दर से मगर आज भी हम
मुंतज़िर यूँ हैं कि हर दर पे नज़र रखते हैं

मेरे साए से किसी को न मिला है साया
अपने साए के लिए ख़ुद का शजर[32] रखते हैं

शहद सी शीरीं[33] यूँ माना कि ज़बाँ हैं अपनी
साफ़ निय्यत की दिलों में तो क़सर रखते हैं

ये हँसी अपनी तो दुनिया के लिए है लेकिन
अश्क-बारी[34] के लिए अपना ही घर रखते हैं

---

[28] control
[29] insensitive
[30] bottom layer
[31] spark
[32] tree
[33] sweet
[34] crying with tears

ज़िंदगी लम्हा-ब-लम्हा[35] तो गुज़ारी हम ने

मौत के लम्हों की कोई न ख़बर रखते हैं

---

[35] minute by minute

शे'र : 11

सख़्त ये राह और हम तन्हा

तुम चले आओ साथ चलते हैं

شعر: 11

سخت یہ راہ اور ہم تنہا

تم چلے آؤ ساتھ چلتے ہیں

शे'र : 12

पहले ख़ास तो आम तो फिर बदनाम हुए

साँसें चलती हैं हम कब के तमाम हुए

شعر: 12

پہلے خاص تو عام تو پھر بدنام ہوئے

سانسے چلتی ہیں ہم کب کے تمام ہوئے

نظم: 2
(کشمیر: ایک پانی کا بُلبُلا)

ریت کی ایک گرم چادر پر

ایک پانی کا بُلبُلا ہے یہ

آپ کشمیر جس کو کہتے ہیں

جنّتِ بے نظیر کہتے ہیں

سچ کہیں تو یہ بُلبُلا ہے وہ

وقت بے وقت پھوٹتا ہے جو

اور اس بلبلے کے پھوٹنے سے

ایک طُوفان ایسا اُٹھتا ہے

جس کی ظالم گِرفت میں آ کر

جانے کِتنے ہی گھر تباہ ہوئے

کچھ تو گھر چھوڑ کے چلے ہی گئے

کھیت اور باغ بھی وہ چھوڑ چلے

خوف کی محفلوں سے دُور کہیں

ٹینٹ میں رہنے کو ذلیل ہوئے

رنگ چہروں کے دھل گئے سب کے

لوگ اپنوں سے دُور دُور ہوئے

خواب کتنے ہی چُور چُور ہوئے

موت کا کھیل بھی تو کھیلا گیا

قتل کچھ لوگ بھی ہوئے ہیں یہاں

بچ گئے جو وہ دِل ملول ہوئے

ذہنی بیماریوں سے چُور ہوئے

اب کھنڈر ہو گئے ہیں وہ جو کبھی

گھر تھے کھلتے ہوئے مہکتے ہوئے

لوگ کچھ آج بھی خموش ہیں کیوں

جیسے کچھ بھی یہاں ہوا ہی نہیں

یہ ہی کہہ کے جہاں میں سب چُپ ہیں

بُلبُلا یہ تو پھوٹنا ہی تھا

پھر بنے گا یہ پھر سے پُھوٹے گا

کِس کا اس میں ہے ہاتھ مت پُوچھو

ہاتھ ماضی کی کچھ خطاؤں کا ہے

کسی ذاتی مفاد کی خاطِر

ایک چادر کو گرم رکھا گیا

تا کہ یہ بُلبُلا سدا ہی پھٹے

اور طُوفان کا سبب یہ بنے

پھر کِسی ماں کی آنکھ نم ہی رہے

عُمر بھر اُس کو درد و غم ہی رہے

❈

<u>नज़्म : 2</u>
(कश्मीर:एक पानी का बुलबुला)

रेत की एक गर्म चादर पर
एक पानी का बुलबुला है ये
आप कश्मीर जिस को कहते हैं
जन्नत-ए-बे-नज़ीर कहते हैं

सच कहें तो ये बुलबुला है वो
वक़्त-बे-वक़्त फूटता है जो
और इस बुलबुले के फूटने से
एक तूफ़ान ऐसा उठता है
जिस की ज़ालिम गिरिफ़्त में आ कर
जाने कितने ही घर तबाह हुए
कुछ तो घर छोड़ के चले ही गए
खेत और बाग़ भी वो छोड़ चले
ख़ौफ़ की महफ़िलों से दूर कहीं
टेंट में रहने को ज़लील हुए
रंग चेहरों के धुल गए सब के
लोग अपनों से दूर दूर हुए
ख़्वाब कितने ही चूर चूर हुए

मौत का खेल भी तो खेला गया
क़त्ल कुछ लोग भी हुए हैं यहाँ

बच गए जो वो दिल-मलूल[36] हुए
ज़ेहनी बीमारियों से चूर हुए

अब खंडर हो गए हैं वो जो कभी
घर थे खिलते हुए महकते हुए

लोग कुछ आज भी ख़मोश हैं क्यों
जैसे कुछ भी यहाँ हुआ ही नहीं
ये ही कह के जहाँ में सब चुप हैं
बुलबुला ये तो फूटना ही था
फिर बनेगा ये फिर से फूटेगा

किस का इस में है हाथ मत पूछो
हाथ माज़ी की कुछ ख़ताओं का है
किसी ज़ाती[37] मफ़ाद[38] की ख़ातिर
एक चादर को गर्म रक्खा गया
ताकि ये बुलबुला सदा ही फटे
और तूफ़ान का सबब[39] ये बने
फिर किसी माँ की आँख नम[40] ही रहे
उम्र भर उस को दर्द-ओ-ग़म ही रहे

---

36 sad
37 self
38 gain
39 reason
40 wet

<u>غزل : 7</u>

اثر اُس پل کا اب اِس پل میں ہوتا ہے
جو اُس پل کھو یا اُس کو آج روتا ہے

گوارا ساتھ پل بھر کا نہ ہو جس کو
اکیلے بوجھ اپنے تن کا ڈھوتا ہے

جو مِٹّی ہونے والا ہو کسی پل جب
اُسی پل میں کہیں اپنوں کو کھوتا ہے

سکوں کی دیکھنی ہو شکل جو تُم کو
تو دیکھو طِفل کو کس شکل سوتا ہے

خبر آتے ہوئے پل کی نہیں جس کو
بشر وہ تو کئی سپنے پروتا ہے

زباں سے دل کی ہے رنجش اب اِس درجہ
کچھ اور ہے کاٹتا کچھ اور جو بوتا ہے

یوں تو چلتا رہا ہوں بھیڑ میں مل کر

سفر تنہا مگر ہر دم کا ہوتا ہے

<u>ग़ज़ल : 7</u>

असर उस पल का अब इस पल में होता है
जो उस पल खोया उस को आज रोता है

गवारा साथ पल भर का न हो जिस को
अकेले बोझ अपने तन का ढोता है

जो मिट्टी होने वाला हो किसी पल जब
उसी पल में कहीं अपनों को खोता है

सुकूँ[41] की देखनी हो शक्ल जो तुम को
तो देखो तिफ़्ल[42] को किस शक्ल सोता है

ख़बर आते हुए पल की नहीं जिस को
बशर[43] वो तो कई सपने पिरोता है

ज़बाँ से दिल की है रंजिश अब इस दर्जा
कुछ और है काटता कुछ और जो बोता है

यूँ तो चलता रहा हूँ भीड़ में मिल कर
सफ़र तन्हा मगर हर दम का होता है

---

[41] peace
[42] child
[43] human

शे'र : 13

तन्हाई में यूँ तन्हा मैं नज़र आया हूँ
मैं जैसे मैं नहीं उजड़ा कोई साया हूँ

شعر:13

تنہائی میں یوں تنہا میں نظر آیا ہوں

میں جیسے میں نہیں اُجڑا کوئی سایا ہوں

शे'र : 14

सूरत मिरी तनख़्वाह की कुछ यूँ है अब
जब भी टटोलूँ जेब तो निकले है आह[44]

شعر:14

صورت مِری تنخواہ کی کچھ یوں ہے اب

جب بھی ٹٹولوں جیب تو نِکلے ہے آہ

---

[44] sigh

<u>क़ित'अ : 7</u>

बात अटकी हुई है लब पे कहीं
कोई पूछे अगर तो याद नहीं

हाए क्या हो गया है ये मुझ को
दफ़्न है क्या ये होश अब भी वहीं

<u>قطعہ: 7</u>

بات اٹکی ہوئی ہے لب پہ کہیں
کوئی پوچھے اگر تو یاد نہیں

ہائے کیا ہو گیا ہے یہ مجھ کو
دفن ہے کیا یہ ہوش اب بھی وہیں

<u>क़ित'अ : 8</u>

मैं था ही क्या जो मुझ से कोई वफ़ा करता
मेरा साथी बन कर मुझ से न जफ़ा करता

पैदा किस दिल में कर पाया हूँ मैं उलझन
होता ही नहीं मैं तो सब को न ख़फ़ा करता

<u>قطعہ 8:</u>

میں تھا ہی کیا جو مجھ سے کوئی وفا کرتا

میرا ساتھی بن کر مجھ سے نہ جفا کرتا

پیدا کس دل میں کر پایا ہوں میں اُلجھن

ہوتا ہی نہیں میں تو سب کو نہ خفا کرتا

<u>غزل : 8</u>

آج قلم کو اُردو سے تر کر لوں گا

نظم کو پھر کاغذ کے دل میں بھر لوں گا

گاؤں میں پرکھوں کا وہ بڑا گھر جو بک جائے

شہر میں پھر جا کے چھوٹا سا گھر لوں گا

دل پر طاری ہے اُس بچّے کا رونا

اب اپنے دامن میں اُس کو دھر لوں گا

اپنے بدن کی قید میں کب سے ہوں میں بند

بہہ جاؤں گا خود کو سمندر کر لوں گا

میرے ہم دم بے باکی سے کر لے بحث

ہو اِلزام کوئی میں اپنے سر لوں گا

<u>ग़ज़ल : 8</u>

आज क़लम को उर्दू से तर कर लूँगा
नज़्म को फिर काग़ज़ के दिल में भर लूँगा

गाँव में पुरखों का वो बड़ा घर जो बिक जाए
शहर में फिर जा के छोटा सा घर लूँगा

दिल पर तारी[45] है उस बच्चे का रोना
अब अपने दामन में उस को धर लूँगा

अपने बदन की क़ैद में कब से हूँ मैं बंद
बह जाऊँगा ख़ुद को समंदर कर लूँगा

मेरे हम-दम बेबाकी[46] से कर ले बहस
हो इल्ज़ाम कोई मैं अपने सर लूँगा

---

[45] over powered
[46] without worry

शे'र : 15

वो दिल से हो कर आँख से उतर गया
इक आँसू था जो उम्र से गुज़र गया

———•✳•———

شعر:15

وہ دِل سے ہو کر آنکھ سے اُتر گیا
اک آنسو تھا جو عُمر سے گُزر گیا

———•✳•———

शे'र : 16

जल्दी में हर कोई है ये ज़ीस्त भी रवाँ है
मंज़िल तो सामने है पर ध्यान में कहाँ है

———•✳•———

شعر:16

جلدی میں ہر کوئی ہے یہ زیست بھی رواں ہے
منزل تو سامنے ہے پر دھیان میں کہاں ہے

———•✳•———

<u>غزل : 9</u>

دُنیا میں تیری دیکھ کِتنا درد ہے
چادر لپیٹے غم کی دِل سب سرد ہے

جینے کی کوشش میں رواں ہے یوں بشر
گُم ہوش ہے چہرہ بھی اُس کا زرد ہے

کھو ہی گئی ہیں خواہشیں سب کی یہاں
دنیا یہ تیرے آنسوؤں کا گرد ہے

بس نام کا ہے دوست اور کم ظرف وہ
گُم وقت پر ہو یار وہ بے درد ہے

مالِک سبھی کا تُو تو اِک جیسا ہے پھر
کیوں درد کچھ کو کچھ کا تو ہمدرد ہے

<u>ग़ज़ल : 9</u>

दुनिया में तेरी देख कितना दर्द है
चादर लपेटे ग़म की दिल सब सर्द है

जीने की कोशिश में रवाँ है यूँ बशर
गुम होश है चेहरा भी उस का ज़र्द है

खो ही गई हैं ख़्वाहिशें सब की यहाँ
दुनिया ये तेरी आँसुओं का गर्द है

बस नाम का है दोस्त और कम-ज़र्फ़[47] वो
गुम वक़्त पर हो यार वो बेदर्द है

मालिक[48] सभी का तू तो एक जैसा है फिर
क्यों दर्द कुछ को कुछ का तू हमदर्द है

---

[47] poor spirited
[48] creator

शे'र : 17

ध्यान कहाँ है उल्फ़त की गहराई का
हम रखते हैं हिसाब उन की रुसवाई का

شعر:17

دھیان کہاں ہے الفت کی گہرائی کا
ہم رکھتے ہیں حِساب اُن کی رسوائی کا

शे'र : 18

कहा न जो ज़बान से नज़र ने वो तो कह दिया
नज़र जो तुम झुका गए कहा भी दिल में रह गया

شعر:18

کہا نہ جو زبان سے نظر نے وہ تو کہہ دِیا
نظر جو تم جُھکا گئے کہا بھی دِل میں رہ گیا

نظم 3:

(1947 کی تقسیم اور انساں)

انساں کچھ یہاں سے نِکلے وہاں سے کچھ آئے

اک دُوجے سے مِلے لیکِن سرحد کے سائے

انساں کاٹے انساں کو اور کُہرام مچائے

کچھ زخمی کچھ مر گئے کس کو کون بچائے

کچھ زِندہ کچھ مُردہ راہ میں گِرتے جائے

جِسم ہی جِسم ہیں رُوح کہیں نہ نظر آپائے

کون کِسے اب دیکھے سنبھالے سمجھائے

ہوش ہی گُم ہے ہوش کہاں سے اب لائے

خون سے دھرتی ماں سُرخ اب ہوتی وائے

روتے ہیں بچّے کئی ماں کہاں ہے ہائے

زرد سے چہرے اُجڑی ہوائیں نظر کو نہ بھائے

تازہ کوئی ہوا بس اِس سرحد کو مِٹائے

————•◦※◦•————

नज़्म : 3
(1947 की तक़सीम और इंसाँ)

इंसाँ कुछ यहाँ से निकले वहाँ से कुछ आए

एक दूजे से मिले लेकिन सरहद के साए

इंसाँ काटे इंसाँ को और कोहराम मचाए

कुछ ज़ख़्मी कुछ मर गए किस को कौन बचाए

कुछ ज़िंदा कुछ मुर्दा राह में गिरते जाए

जिस्म ही जिस्म हैं रूह कहीं न नज़र आ पाए

कौन किसे अब देखे सँभाले समझाए

होश ही गुम है होश कहाँ से अब लाए

ख़ून से धरती माँ सुर्ख़[49] अब होती जाए

रोते हैं बच्चे कई माँ कहाँ है हाए

ज़र्द[50] से चेहरे उजड़ी हवाएँ नज़र को न भाए

ताज़ा कोई हवा बस इस सरहद को मिटाए

---

[49] red
[50] pale

क़ित'अ : 9

न मंदिर में न मस्जिद के चमन में
न धरती पर न उस चौड़े गगन में

जो रब को ढूँढना है आप को तो
मिलेगा तिफ़्ल[51] के नन्हे से मन में

قطعہ: 9

نہ مندِر میں نہ مسجِد کے چمن میں
نہ دھرتی پر نہ اُس چوڑے گگن میں

جو رب کو ڈھونڈھنا ہے آپ کو تو
مِلے گا طِفل کے ننّھے سے من میں

---

[51] child

क़ित'अ : 10

जिस्म बूढ़ा हुआ तो नज़र झुक गई
साँस भारी हुई चाल भी रुक गई

तू तो रखता था ख़ुद को बहुत प्यार से
उम्र ढलने से रौनक़ कहाँ फुक गई

—————•❋•—————

قطعہ 10:

جسم بوڑھا ہوا تو نظر جھک گئی
سانس بھاری ہوئی چال بھی رُک گئی

تُو تو رکھتا تھا خود کو بہت پیار سے

عمر ڈھلنے سے رونق کہاں پُھک گئی

—————•❋•—————

غزل : 10

غمِ ہستی ہے کیا تیرا ہی غم ہے
تری اُمّید میں ہستی بھی نم ہے

صِلہ کچھ تو مِلے وحشت کا میری
کسی وحشی کا تو بھی تو صنم ہے

ڈھلی ہے زندگی دیتے صدائیں
نہ سوچا تھا تو اتنی پُر سِتم ہے

تھکا ہوں ڈھونڈتے خوابوں میں تُجھ کو
مُقابِل ہونے کا کس پل کرم ہے

ہیں دِلکش لوگ یوں تو سیکڑوں پر
کشِش کا تیری تو دِل پر سِتم ہے

خُدا سُن لے کروں میں عرض تُجھ سے
توقُّع تجھ سے ہے بس تیرا دم ہے

سُخن کا میرے ہے یوں ربط تجھ سے

حِمایت سے ہِری چلتی قلم ہے

<u>ग़ज़ल : 10</u>

ग़म-ए-हस्ती[52] है क्या तेरा ही ग़म है
तेरी उम्मीद में हस्ती भी नम है

सिला कुछ तो मिले वहशत का मेरी
किसी वहशी का तू भी तो सनम है

ढली है ज़िंदगी देते सदाएँ
न सोचा था तू इतनी पुर-सितम है

थका हूँ ढूँडते ख़्वाबों में तुझ को
मुक़ाबिल होने का किस पल करम है

हैं दिलकश लोग यूँ तो सैंकड़ों पर
कशिश का तेरी तो दिल पर सितम है

ख़ुदा सुन ले करूँ मैं अर्ज़ तुझ से
तवक़्क़ो[53] तुझ से है बस तेरा दम है

सुख़न[54] का मेरे है यूँ रब्त तुझ से
हिमायत से तेरी चलती क़लम है

---

[52] worries of life
[53] expectation
[54] poetry

शे'र : 19

दोस्त कई हैं नज़र में फ़िक्र उसी सरकश[55] की

तीर कई खा के भी चाह उसी तरकश[56] की

شعر:19

دوست کئی ہیں نظر میں فِکر اُسی سرکش کی

تیر کئی کھا کے بھی چاہ اُسی ترکش کی

शे'र : 20

करो नाम ऐसा कि देखे ज़माना

पड़े क्यों न फिर ख़ुद को ही आज़माना

شعر:20

کرو نام ایسا کہ دیکھے زمانہ

پڑے کیوں نہ پھر خود کو ہی آزمانا

---

[55] disobedient
[56] quiver

غزل : 11

ماضی کی یاد سے ہم گلفام ہو گئے
تھے سخت خِشت جیسے اب خام ہو گئے

ہیں راستے بہت پر کیسے چلوں یہاں
مُشکِل بہت ہی چلنا دو گام ہو گئے

اعلیٰ سند ملے تھے پڑھ لِکھ کے جو ہمیں
ویسے سند تو گھر گھر میں عام ہو گئے

سب اب لگے بلانے تازہ خطابوں سے
بے کار اور نِکمّا کچھ نام ہو گئے

جیتے ہیں اب تو اپنوں کے واسطے مگر
دل اور سمجھ سے کب کے ہم سام ہو گئے

ــــــــــــ❖ــــــــــــ

<u>ग़ज़ल : 11</u>

माज़ी की याद से हम गुलफ़ाम हो गए
थे सख़्त ख़िश्त[57] जैसे अब ख़ाम[58] हो गए

हैं रास्ते बहुत पर कैसे चलूँ यहाँ
मुश्किल बहुत ही चलना दो गाम[59] हो गए

आला सनद[60] मिले थे पढ़ लिख के जो हमें
वैसे सनद तो घर घर में आम हो गए

सब अब लगे बुलाने ताज़ा ख़िताबों से
बेकार और निकम्मा कुछ नाम हो गए

जीते हैं अब तो अपनों के वास्ते मगर
दिल और समझ से कब के हम साम[61] हो गए

---

[57] brick
[58] raw
[59] steps
[60] certificates
[61] dead

शे'र : 21

कभी तू भी हँसा कर क्या फ़क़त रोने ही आया है
खिली है वो ज़मीं भी जिस ने सागर को बहाया है

شِعر: 21

کبھی تُو بھی ہنسا کر کیا فقط رونے ہی آیا ہے

کھلی ہے وہ زمیں بھی جس نے ساگر کو بہایا ہے

शे'र : 22

सुकूँ की देखनी हो शक्ल जो तुम को
तो देखो तिफ़्ल को किस शक्ल सोता है

شِعر: 22

سکوں کی دیکھنی ہو شکل جو تُم کو

تو دیکھو طِفل کو کس شکل سوتا ہے

<u>क़ित'अ : 11</u>

है नहीं रब से वफ़ा तो कीजिए क्या
जब नहीं वो मिल सका तो कीजिए क्या

रह गए हैं दूर दीन-ओ-धर्म से हम
है यही उस की रज़ा तो कीजिए क्या

<u>قطعہ :11</u>

ہے نہیں رب سے وفا تو کیجیے کیا
جب نہیں وہ مل سکا تو کیجیے کیا

رہ گئے ہیں دور دین و دھرم سے ہم
ہے یہی اُس کی رضا تو کیجیے کیا

क़ित'अ : 12

जाने किस का पैराहन[62] ओढ़ के उतरा हूँ
दुनिया-ए-फ़ानी[63] से क्यों कर मैं गुज़रा हूँ

क्या मैं ही मैं हूँ क्यों हूँ ज़ाहिर[64] कुछ तो हो
या फिर दुनिया का बेबस कोई सहरा[65] हूँ

———✳———

قطعہ: 12

جانے کِس کا پیراہن اوڑھ کے اُترا ہوں

دُنیائے فانی سے کیوں کریں گزرا ہوں

کیا میں ہی میں ہوں کیوں ہوں ظاہِر کچھ تو ہو

یا پھر دنیا کا بے بس کوئی صحرا ہوں

———✳———

---

[62] robe
[63] perishable world
[64] evident
[65] desert

<u>غزل : 12</u>

میں بہتے بہتے چل رہا ہوں

تیری جانِب نِکل رہا ہوں

تپتا ہے اب یہ جِسم میرا

تیری خواہش میں جل رہا ہوں

بد حال ہوں میں کوئی سجائے

میں مِٹّی کا ہوں گل رہا ہوں

حسرت نہ کوئی کمر جھکی سی

مِٹّی چھونے نِکل رہا ہوں

تقدیر سے کھیلنا ہے مُجھ کو

بچّوں کی طرح مچل رہا ہوں

<u>ग़ज़ल : 12</u>

मैं बहते बहते चल रहा हूँ
तेरी जानिब[66] निकल रहा हूँ

तपता है अब ये जिस्म मेरा
तेरी ख़्वाहिश में जल रहा हूँ

बद-हाल हूँ मैं कोई सजाए
मैं मिट्टी का हूँ गल रहा हूँ

हसरत न कोई कमर झुकी सी
मिट्टी छूने निकल रहा हूँ

तक़दीर से खेलना है मुझ को
बच्चों की तरह मचल रहा हूँ

---

[66] towards

शे'र : 23

था जुनूँ दिल में असर जाने तक
दिल की दिल में रही नक़्स[67] आने तक

شعر:23

تھا جنوُں دِل میں اثر جانے تک

دِل کی دِل میں رہی نقص آنے تک

शे'र : 24

इस सारे आलम[68] को क्यों रंजिश है मुझ से
रब ने बनाया है क्या तंगदिली से मुझ को

شعر:24

اِس سارے عالم کو کیوں رنجش ہے مُجھ سے

رب نے بنایا ہے کیا تنگ دِلی سے مُجھ کو

---

[67] error
[68] world

نظم: 4

(اِنساں شیشہ اور فرِشتہ)

اِنساں خود کو جب

شیشے میں دیکھتا ہے

دیکھ خود کو رہا ہے

جُھوٹھ یہ ہی سچ مانتا ہے

دیکھ پاتا اگر اِنساں خود کو شیشے میں

تو اُسی پل فرِشتہ ہو جاتا

<u>नज़्म : 4</u>
(इंसाँ शीशा और फ़रिश्ता)

इंसाँ ख़ुद को जब

शीशे में देखता है

देख ख़ुद को रहा है

झूठ ये ही सच मानता है

देख पाता अगर इंसाँ ख़ुद को शीशे में

तो उसी पल फ़रिश्ता हो जाता

<u>غزل : 13</u>

دِل باندھ کے رکھا ہے رکھا ہے فلک پہ سر
منزل تو دِکھ رہی ہے مگر کھو گیا ہے گھر

کچھ تو چلو سنبھل کے نہ مسلو کسی کا دِل
مشکل سے دِل وہ عشق میں کرتا ہے طے سفر

مانا کہ زندگی نے کِئے ہیں بہت سِتم
رکھتے ہیں ہاتھ ہاتھ میں بدلی نہ یہ نظر

ہے ساتھ تیرگی میں بھی ماں کی دُعا کا رنگ
چاہت نہ چاند کی نہ کسی بات کا ہے ڈر

ہم انجُمن میں آپ کی آنا تو چھوڑ دیں
گھر کا پتا جو آپ کا معلُوم ہو اگر

———————•❊•———————

<u>ग़ज़ल : 13</u>

दिल बाँध के रखा है रखा है फ़लक पे सर
मंज़िल तो दिख रही है मगर खो गया है घर

कुछ तो चलो सँभल के न मसलो किसी का दिल
मुश्किल से दिल वो इश्क़ में करता है तय सफ़र

माना कि ज़िंदगी ने किए हैं बहुत सितम
रखते हैं हाथ हाथ में बदली न ये नज़र

है साथ तीरगी[69] में भी माँ की दुआ का रंग
चाहत न चाँद की न किसी बात का है डर

हम अंजुमन[70] में आप की आना तो छोड़ दें
घर का पता जो आपका मालूम हो अगर

---

[69] darkness
[70] assembly

शेर : 25

बड़े नाज़ों से इन आँखों ने ख़ुद ये ख़्वाब पाले थे

ज़रा सा चुभ रहे हैं ख़्वाब तो अब नम हैं आँखें क्यों

شعر:25

بڑے نازوں سے اِن آنکھوں نے خود یہ خواب پالے تھے

ذرا سا چُبھ رہے ہیں خواب تو اب نم ہیں آنکھیں کیوں

शेर : 26

हाथ में तो हैं खिलौने पर नहीं है खेलने को

एक मुफ़्लिस[71] तिफ़्ल[72] का सामान बिकने के लिए

है

شعر:26

ہاتھ میں تو ہیں کھلونے پر نہیں ہے کھیلنے کو

ایک مُفلِس طِفل کا سامان بکنے کے لِئے ہے

---

[71] poor
[72] child

غزل : 14

گھر اندھیرے میں رہا تُم سے تو آیا نہ گیا

ہم سے بھی دِیپ کوئی اور جلایا نہ گیا

فرق اِتنا ہی نبھانے میں ہمارے ہے بس

تُم سے آیا نہ گیا ہم سے تو جایا نہ گیا

آپ کرتے بھی تو کیا کرتے کِلا گلشن سے

پُھول تو آپ سے بھی کوئی کھلایا نہ گیا

تُم نے وعدے تو کئی سارے کِیے تھے ہم سے

ایک وعدہ بھی مگر تُم سے نبھایا نہ گیا

یہ تو مانا کہ بنا لی ہے یہ دنیا تُم نے

گھر تو مفلس کا مگر تم سے بنایا نہ گیا

ہم نے سینے سے لگائے تو رکھا ہے سب کو

دِل کِسی دِل سے مگر ہم سے ملایا نہ گیا

تیری دنیا میں سزائیں ہی ملی ہیں ہم کو

جُرم کیا کچھ ہے ہمارا یہ بتایا نہ گیا

ایک بس تیری حویلی کی چمک کی خاطر

شہر سارا ہی جلا کچھ بھی بچایا نہ گیا

<u>ग़ज़ल : 14</u>

घर अँधेरे में रहा तुम से तो आया न गया
हम से भी दीप कोई और जलाया न गया

फ़र्क इतना ही निभाने में हमारे है बस
तुम से आया न गया हम से तो जाया न गया

आप करते भी तो क्या करते गिला गुलशन से
फूल तो आप से भी कोई खिलाया न गया

तुम ने वादे तो कई सारे किए थे हम से
एक वादा भी मगर तुम से निभाया न गया

ये तो माना कि बना ली है ये दुनिया तुम ने
घर तो मुफ़लिस[73] का मगर तुम से बनाया न गया

हम ने सीने से लगाए तो रखा है सब को
दिल किसी दिल से मगर हम से मिलाया न गया

तेरी दुनिया में सज़ाएँ ही मिली हैं हम को
जुर्म क्या कुछ है हमारा ये बताया न गया

---

[73] penniless

एक बस तेरी हवेली की चमक की ख़ातिर
शहर सारा ही जला कुछ भी बचाया न गया

शे'र : 27

देखो ना इश्क़ में क्या है मिलता
बेकली अश्क और दिल का जलना

شعر: 27

دیکھو نا عِشق میں کیا ہے بِلتا

بے کلی اشک اور دِل کا جلنا

शे'र : 28

दिल न समझे दिमाग़ की बातें
इस पे पर्दा पड़ा है ख़्वाहिश का

شعر: 28

دِل نہ سمجھے دِماغ کی باتیں

اِس پہ پردہ پڑا ہے خواہِش کا

क़ित'अ : 13

कई रंगों में ख़ुद को ढालती हैं
सभी रिश्तें वो दिल से पालती हैं

फ़रिश्तों जैसे गुण हैं बेटियों में
हँसी से अपनी सब दुख टालती हैं

* * *

قطعہ :13

کئی رنگوں میں خود کو ڈھالتی ہیں

وہ رِشتے دل سے سارے پالتی ہیں

فرشتوں جیسے گُن ہیں بیٹیوں میں

ہنسی سے اپنی دُکھ سب ٹالتی ہیں

* * *

<u>क़ित'अ : 14</u>

ग़म न उतारो सीने में
मुश्किल होगी जीने में

दोस्त बना कर रखिए इसे
कोई तो साथ हो पीने में

———••✳••———

<u>قطعہ :14</u>

غم نہ اُتارو سِینے میں

مشکل ہوگی جِینے میں

دوست بنا کر رکھیے اِسے

کوئی تو ساتھ ہو پِینے میں

———••✳••———

<u>غزل : 15</u>

نہ ہوگی بات ہم میں کوئی وہ پھر کیوں بلائے گا

جو ہوگی بات مطلب کی تو سینے سے لگائے گا

مِلے ہیں قرض میں یہ درد یہ تکلیف یہ کانٹے

چُکانا ہی پڑے گا قرض کب تک مسکرائے گا

اگر کچھ بات کرنی ہو تو سوچو لفظ پہلے تم

جو نِکلی بات دِل کی تو بہت دِل کو رُلائے گا

اُتر کر وہ خُدا بھی تو نہیں آتا ہے میری اور

اگر فُرصت ہو اُس کو تو مرا گھر بھی بسائے گا

کُریدو چاہے کِتنا بھی کِسی اِنسان کا دِل تم

اگر ہوگا نہ دِل اُس کا تمہیں کیا ہی بتائے گا

بہت اُلفت سے مِلتے ہیں بہت سے لوگ ویسے تو

مگر اُلفت ہے جِس اِنساں سے کب اس سے بِلائے گا

جو گیہُوں کھیت میں بویا اُگا تو بانٹ ہی ڈالا

بچا ہی کیا ہے اب گھر میں جو بچّوں کو کھلائے گا

یہ دُنیا اُکھڑی اُکھڑی ہے ہوا بھی اُجڑی بہتی ہے

ہے خالِق تُو تو دنیا کا اِسے کب تُو سجائے گا

<u>ग़ज़ल : 15</u>

न होगी बात हम में कोई वो फिर क्यों बुलाएगा
जो होगी बात मतलब की तो सीने से लगाएगा

मिले हैं क़र्ज़ में ये दर्द ये तकलीफ़ ये काँटें
चुकाना ही पड़ेगा क़र्ज़ कब तक मुस्कुराएगा

अगर कुछ बात करनी हो तो सोचो लफ़्ज़ पहले तुम
जो निकली बात दिल की तो बहुत दिल को रुलाएगा

उतर कर वो ख़ुदा भी तो नहीं आता है मेरी ओर
अगर फ़ुर्सत हो उस को तो मिरा घर भी बसाएगा

कुरेदो चाहे कितना भी किसी इंसान का दिल तुम
अगर होगा न दिल उसका तुम्हें क्या ही बताएगा

बहुत उल्फ़त से मिलते हैं बहुत से लोग वैसे तो
मगर उल्फ़त है जिस इंसाँ से कब उस से मिलाएगा

जो गेहूँ खेत में बोया उगा तो बाँट ही डाला
बचा ही क्या है अब घर में जो बच्चों को खिलाएगा

ये दुनिया उखड़ी उखड़ी है हवा भी उजड़ी बहती है

है ख़ालिक़[74] तू तो दुनिया का इसे कब तू सजाएगा

---

[74] creator

शे'र : 29

यूँ तो ख़ामोश हूँ पर बात मैं भी करता हूँ
मैं समुंदर हूँ ख़लल[75] वक़्त पे ही करता हूँ

۲۹:شعر

یوں تو خاموش ہوں پر بات میں بھی کرتا ہوں

میں سمندر ہوں خلل وقت پہ ہی کرتا ہوں

शे'र : 30

वक़्त का राह से बस यही अहद[76] था
ये कि हम को गुज़र के गुज़रना पड़ा

۳۰:شعر

وقت کا راہ سے بس یہی عہد تھا

یہ کہ ہم کو گزر کے گزرنا پڑا

---

[75] disturbance

[76] promise

نظم: 5

(بادل اور آنسو)

سیکھ لو بادل سے آنسو کو بہانا

ہو نہ آنسو گرنے کا کوئی ٹھکانا

وجہ ہو کوئی ہو کوئی پھر زمانا

غم نہ کوئی ہو نہ خود کو ہو منانا

سیکھ لو بادل سے آنسو کو بہانا

اپنے ماتم میں سبھی کو یوں بھگانا

سب کو ہی غم خوار تم اپنا بنانا

سیکھ لو بادل سے آنسو کو بہانا

اپنے آنسو سے زمیں کو یوں بھگانا

دُور سے ہی نقش تم اپنا بنانا

سیکھ لو بادل سے آنسو کو بہانا

دُھن سُریلی کوئی بوندوں سے بنانا

روتے روتے تم بھی نغمہ کوئی گانا

سیکھ لو بادل سے آنسو کو بہانا

یوں بہا کے آنسو تم خود کو مِٹانا

سیکھ لو بادل سے ہستی کو مِٹانا

سیکھ لو بادل سے آنسو کو بہانا

<u>नज़्म : 5</u>
(बादल और आँसू)

सीख लो बादल से आँसू को बहाना

हो न आँसू गिरने का कोई ठिकाना

वज्ह हो कोई हो कोई फिर ज़माना

ग़म न कोई हो न ख़ुद को हो मनाना

सीख लो बादल से आँसू को बहाना

अपने मातम में सभी को यूँ भिगाना

सब को ही ग़म-ख़्वार[77] तुम अपना बनाना

सीख लो बादल से आँसू को बहाना

अपने आँसू से ज़मीं को यूँ भिगाना

दूर से ही नक़्श[78] तुम अपना बनाना

सीख लो बादल से आँसू को बहाना

धुन सुरीली कोई बूँदों से बनाना

रोते रोते तुम भी नग़मा कोई गाना

सीख लो बादल से आँसू को बहाना

यूँ बहा के आँसू तुम ख़ुद को मिटाना

सीख लो बादल से हस्ती को मिटाना

सीख लो बादल से आँसू को बहाना

---

77 comforter
78 impression

क़ित'अ : 15

बे-वजह ये दुआ नहीं मिलती
ज़िंदगी की सदा नहीं मिलती

खोनी पड़ती है ख़्वाहिशें सारी
यूँ ही इस की दया नहीं मिलती

قطعہ :15

بے وجہ یہ دُعا نہیں مِلتی
زندگی کی صدا نہیں مِلتی

کھونی پڑتی ہے خواہشیں ساری
یوں ہی اِس کی دیا نہیں مِلتی

क़ित'अ : 16

आज उस राह से गुज़री है नज़र
आज फिर ख़्वाब को रोया मैं वहाँ

ये सफ़र तो है इधर राह उधर
आज फिर ज़ीस्त[79] को खोया है यहाँ

———••◉※◉••———

قطعہ :16

آج اُس راہ سے گُزری ہے نظر

آج پھر خواب کو رویا میں وہاں

یہ سفر تو ہے اِدھر راہ اُدھر

آج پھر زیست کو کھویا ہے یہاں

———••◉※◉••———

---

[79] existence

<u>غزل : 16</u>

ایسے انساں سے ناتا نہیں

دِل کی دھڑکن جو سُنتا نہیں

تم جو مرہم کرو گے تو کیا

زخم ہوں وہ جو بھرتا نہیں

گھر کے کونے میں رہنے تو دے

میں تو بوُڑھا ہُوں ہِلتا نہیں

وہ اندھیرے سے ڈرتا ہے کیا

چاند تنہا وہ دِکھتا نہیں

اب تسلّی نہ آئینہ دے

کیوں میں اب خود پہ مرتا نہیں

تم جو مجھ سے ملو تو ملوں

میں یوں خود سے بھی مِلتا نہیں

ग़ज़ल : 16

ऐसे इंसाँ से नाता नहीं
दिल की धड़कन जो सुनता नहीं

तुम जो मरहम करोगे तो क्या
ज़ख़्म हूँ वो जो भरता नहीं

घर के कोने में रहने तो दे
मैं तो बूढ़ा हूँ हिलता नहीं

वो अँधेरे से डरता है क्या
चाँद तन्हा वो दिखता नहीं

अब तसल्ली न आईना दे
क्यों मैं अब ख़ुद पे मरता नहीं

तुम जो मुझ से मिलो तो मिलूँ
मैं यूँ ख़ुद से भी मिलता नहीं

शे'र : 31

कहाँ यकसाँ[80] नज़र है कहाँ यकसानियत[81] है
है हासिल सब किसी को किसी को रिज़्क़[82] भी कम

شعر: 31

کہاں یکساں نظر ہے کہاں یکسانیت ہے
ہے حاصل سب کسی کو کسی کو رِزق بھی کم

शे'र : 32

निखरा जो रंग तो वो सुहूलत चली गई
आए जो धूप में तो ये रंगत चली गई

شعر: 32

نِکھرا جو رنگ تو وہ سُہُولت چلی گئی
آئے جو دُھوپ میں تو یہ رنگت چلی گئی

---

[80] even
[81] equality
[82] bread and butter

<u>غزل: 17</u>

کٹی زیست ساری اکیلے اکیلے

پڑی ہم پہ بھاری اکیلے اکیلے

ملا ہی نہیں کوئی ہم کو سفر میں

سفر تو ہے جاری اکیلے اکیلے

سلیقہ نہ آیا جب اُڑنے کا ہم کو

شجر پر گزاری اکیلے اکیلے

جلو تم بھی اِس آگ میں ساتھ میرے

ہو کیوں بے قراری اکیلے اکیلے

یہ گلشن یہ گھر اور یہ دنیا ہماری

تمہیں نے سنواری اکیلے اکیلے

<u>ग़ज़ल : 17</u>

कटी ज़ीस्त[83] सारी अकेले अकेले
पड़ी हम पे भारी अकेले अकेले

मिला ही नहीं कोई हम को सफ़र में
सफ़र तो है जारी अकेले अकेले

सलीक़ा न आया जब उड़ने का हम को
शजर[84] पर गुज़ारी अकेले अकेले

जलो तुम भी इस आग में साथ मेरे
हो क्यूँ बे-क़रारी अकेले अकेले

ये गुलशन ये घर और ये दुनिया हमारी
तुम्हीं ने सँवारी अकेले अकेले

---

[83] life
[84] tree

शे'र : 33

अब ख़ता तो हो गई है यही फिर दौर[85] सही

कुछ ख़ताएँ तो हुईं मुझ से तो कुछ और सही

شعر : 33

اب خطا تو ہو گئی ہے یہی پھر دور سہی

کچھ خطائیں تو ہوئی مجھ سے تو کچھ اور سہی

शे'र : 34

हर किसी दर्द का अंदाज़ कोई होता है

फ़र्क़ पड़ता है बहुत कब कोई क्या खोता है

شعر: 34

ہر کسی درد کا انداز کوئی ہوتا ہے

فرق پڑتا ہے بہت کب کوئی کیا کھوتا ہے

---

[85] repetition

<u>क़ित'अ : 17</u>

कितने अल्फ़ाज़ बिखेरे मैं ने
बात फिर भी न मिरी वो समझे

पास आऊँ तो करे है वो दूर
जैसे वो आँख से आँसू झटके

<u>قطعہ: 17</u>

کتنے الفاظ بکھیرے میں نے
بات پھر بھی نہ مری وہ سمجھے

پاس آؤں تو کرے ہے وہ دور
جیسے وہ آنکھ سے آنسو جھٹکے

क़ित'अ : 18

दिल को ऐसे सँभाल रक्खा है
जैसे बच्चे को पाल रक्खा है

सब अदा[86] की हैं ख़्वाहिशें उस की
और ख़ुद से मलाल रक्खा है

———•❈•———

قطعہ 18:

دل کو ایسے سنبھال رکھا ہے

جیسے بچّے کو پال رکھا ہے

سب ادا کی ہیں خواہشیں اُس کی

اور خود سے ملال رکھا ہے

———•❈•———

---

[86] fulfill

<u>غزل: 18</u>

بکھر کے اُترا ہے آج دِل میں ہمارے پھر سے ملال کوئی
ہے جُرم کوئی ہے زخم کوئی مچل رہا ہے سوال کوئی

گزر گئی ہے سحر جو اپنی کہاں سے لائیں اُسے دوبارہ
یہ رات اپنی نہیں مٹے گی نہ پھر سے ہوگا کمال کوئی

سُنا ہیں ہم نے جہاں یہ تیرا تِرے ہی دم سے ٹکا ہوا ہے
بکھر رہا ہے جہاں یہ پھر کیوں ہے دل میں گویا بوال کوئی

سفر یہ سب کا نہیں ہے اک سا کبھی ہے مِل کر کبھی ہے تنہا
چلا ہے کوئی بہار لے کر پڑا ہوا ہے نِڈھال کوئی

کوئی تو جیتا ہے خود میں ہی بس تو کام آتا ہے کوئی سب کے
کوئی نِشانہ بنا ہوا ہے بنا ہوا ہے مِثال کوئی

ہمارے چہرے پہ زندگی کا غُبار کیسا جما ہُوا ہے
جما ہو جیسے خیال کوئی جما ہوا ہو گلال کوئی

نیا سفر ہے نئی ہے دنیا کوئی تو پوچھے خبر ہماری
رہا نہیں کیا کسی بھی دل میں ہماری خاطِر خیال کوئی

گِلہ اگر ہے کسی کو ہم سے گلے سے اپنے لگا لے ہم کو
مِلے اگر تو مِلے کچھ ایسے رہے نہ دِل میں ملال کوئی

یہ راہِ منزل بہت کٹھن ہے نہ دوست کوئی نہ ہم سفر ہے
کٹے سے اب تو کٹے نہیں یہ ہو اب تو مُمکِن وِصال کوئی

<u>ग़ज़ल : 18</u>

बिखर के उतरा है आज दिल में हमारे फिर से
मलाल कोई
है जुर्म कोई है ज़ख़्म कोई मचल रहा है सवाल कोई

गुज़र गई है सहर[87] जो अपनी कहाँ से लाएँ उसे
दोबारा
ये रात अपनी नहीं मिटेगी न फिर से होगा कमाल
कोई

सुना है हम ने जहाँ ये तेरा तेरे ही दम से टिका
हुआ है
बिखर रहा है जहाँ ये फिर क्यूँ है दिल में गोया
बवाल कोई

सफ़र ये सब का नहीं है इक सा कभी है मिल कर
कभी है तन्हा
चला है कोई बहार ले कर पड़ा हुआ है निढाल[88]
कोई

कोई तो जीता है ख़ुद में ही बस तो काम आता है
कोई सब के

---

[87] morning
[88] defeated

कोई निशाना बना हुआ है बना हुआ है मिसाल कोई

हमारे चेहरे पे ज़िन्दगी का गुबार कैसा जमा हुआ है
जमा हो जैसे ख़याल कोई जमा हुआ हो गुलाल कोई

नया सफ़र है नई है दुनिया कोई तो पूछे ख़बर
हमारी
रहा नहीं क्या किसी भी दिल में हमारी ख़ातिर
ख़याल कोई

गिला अगर है किसी को हम से गले से अपने लगा
ले हम को
मिले अगर तो मिले कुछ ऐसे रहे न दिल में मलाल
कोई

ये राह-ए-मंज़िल बहुत कठिन है न दोस्त कोई न
हम-सफ़र है
कटे से अब तो कटे नहीं ये हो अब तो मुमकिन
विसाल कोई

शे'र : 35

कैसे मैं रक़्स[89] करूँ तेरे इशारों पे यूँ ही
ज़िंदगी गीत कोई गा कोई तो साज़[90] बजा

شعر:35

کیسے میں رقص کروں تیرے اشاروں پہ یوں ہی

زندگی گیت کوئی گا کوئی تو ساز بجا

शे'र : 36

दिए हैं ज़ख़्म इतने रोग भी कोई दिया होता
न रहती चाह कोई और न ज़ख़्मों को सिया होता

شعر:36

دیے ہیں زخم اِتنے روگ بھی کوئی دِیا ہوتا

نہ رہتی چاہ کوئی اور نہ زخموں کو سِیا ہوتا

---

[89] dance
[90] music

نظم 6:

(خواب اور میں)

خواب کیا کیا دیکھنے ہیں

بس ابھی اِتنا سوچا ہے

پھر اُن خوابوں کو دیکھنا ہے

پھر کچھ ایسا کرنا ہے کہ اُن خوابوں تک جانے والے رستے

خود بہ خود بننے لگیں

لمبے سے کچھ رستے ہوں گے

اور اُن میں کچھ رستے نا اُمّیدی کو بھی جاتے ہوں گے

پر اُن خوابوں کو میں اپنی ضرورت سمجھ کر چلوں گا

اور میں جانتا ہوں کہ میں اُن خوابوں کو آہِستہ آہِستہ محسُوس

کرنے لگوں گا

——•——•✳•——•——

नज़्म : 6

(ख़्वाब और मैं)

ख़्वाब क्या क्या देखने हैं

बस अभी इतना सोचा है

फिर उन ख़्वाबों को देखना है

फिर कुछ ऐसा करना है कि उन ख़्वाबों तक जाने

वाले रस्ते

ख़ुद-ब-ख़ुद बनने लगें

लंबे से कुछ रस्ते होंगे

और उन में कुछ रस्ते ना-उम्मीदी को भी जाते होंगे

पर उन ख़्वाबों को मैं अपनी ज़रूरत समझ कर चलूँ गा

और मैं जानता हूँ कि मैं उन ख़्वाबों को आहिस्ता

आहिस्ता महसूस करने लगूँ गा

غزل: 19

بگڑ گیا ہوں تو پھر سے کوئی منائے مجھے
کرے نہ بات اگر پاس ہی بٹھائے مجھے

بچی نہیں ہے طلب کوئی بھی مرے دل میں
میں مر گیا ہوں تو وہ آئے اور جلائے مجھے

نیا سا کوئی جہاں اب کہاں سے میں کھوجوں
جو مل گیا ہے وہی اب کہیں بسائے مجھے

میں تھک گیا ہوں ہواؤں سے سانس بھرتے ہوئے
وہ آندھیوں کی طرح آئے اور بجھائے مجھے

نہ ہوش ہے نہ خبر ہے کوئی مجھے اپنی
کوئی جو ہاتھ ملائے تو جگمگائے مجھے

<u>ग़ज़ल : 19</u>

बिगड़ गया हूँ तो फिर से कोई मनाए मुझे
करे न बात अगर पास ही बिठाए मुझे

बची नहीं है तलब[91] कोई भी मिरे दिल में
मैं मर गया हूँ तो वो आए और जलाए मुझे

नया सा कोई जहाँ अब कहाँ से मैं खोजूँ
जो मिल गया है वही अब कहीं बसाए मुझे

मैं थक गया हूँ हवाओं से साँस भरते हुए
वो आँधियों की तरह आए और बुझाए मुझे

न होश है न ख़बर है कोई मुझे अपनी
कोई जो हाथ मिलाए तो जगमगाए मुझे

---

[91] quest

शे'र : 37

तेरे तेशे[92] से गुज़र के है बनी ये मूरत

चोट खा खा के बनी है ये चमकती सूरत

شعر:37

تیرے تیشے سے گزر کے ہے بنی یہ مورت

چوٹ کھا کھا کے بنی ہے یہ چمکتی صورت

शे'र : 38

गुल जो दिखे तो खिल जाता हूँ आती है ख़ुशबू किस की

जिस की ख़ुशबू आह में और तबस्सुम में है हँसी जिस की

شعر:38

گل جو دکھے تو کھل جاتا ہوں آتی ہے خوشبو کس کی

جس کی خوشبو آہ میں اور تبسم میں ہے ہنسی جس کی

---

[92] chisel

क़ित'अ : 19

मिरे कुम्हार[93] बता तू बटा बटा क्यों है
किसी का है तो किसी से कटा कटा क्यों है

मैं भी बना तिरी मिट्टी से हाथ से तेरे
मिरा ही जिस्म बता फिर फटा फटा क्यों है

قطعہ :19

مِرے کمہار بتا تُو بٹا بٹا کیوں ہے
کِسی کا ہے تو کِسی سے کٹا کٹا کیوں ہے

میں بھی بنا تری مِٹّی سے ہاتھ سے تیرے
مِرا ہی جِسم بتا پھر پھٹا پھٹا کیوں ہے

---

[93] potter

क़ित'अ : 20

न पूछो कैफ़ियत[94] अब तो हमारी तुम
हमारी हम सँवारेंगे तुम्हारी तुम

चले हैं अपने अपने रास्तों पर जब
ये झूठे सिलसिले रखना न जारी तुम

قطعہ :20

نہ پوچھو کیفیت اب تو ہماری تم
ہماری ہم سنواریں گے تمہاری تم

چلے ہیں اپنے اپنے راستوں پر جب
یہ جھوٹے سِلسِلے رکھنا نہ جاری تم

---

[94] well being

غزل 20:

منزل نہ حاصِل ہو تو دِل کا زور کیا
مِل ہی گئی منزل تو پھر یہ شور کیا

یہ دھوپ سے چہرہ ہُوا جاتا ہے سُرخ
یا آپ نے دیکھا ہے میری اور کیا

ہر ایک انساں زرد سا کیوں ہے یہاں
اُڑ ہی گیا ہے سب کے دِل کا مور کیا

دیکھو جسے بھی وہ لگے مُجرِم کی طرح
اِس دل کے ہی اندر چھپا ہے چور کیا

چاروں طرف ہے بس زر و دولت کی ہوڑ
لالچ کا کوئی بھی نہیں ہے چھوڑ کیا

دِل بھر گیا ہے میرا اِس دُنیا سے اب
تو اب چلوں میں بھی تری ہی اور کیا

<u>ग़ज़ल: 20</u>

मंज़िल न हासिल हो तो दिल का ज़ोर[95] क्या
मिल ही गई मंज़िल तो फिर ये शोर क्या

ये धूप से चेहरा हुआ जाता है सुर्ख़
या आप ने देखा है मेरी ओर क्या

हर एक इंसाँ ज़र्द सा क्यूँ है यहाँ
उड़ ही गया है सब के दिल का मोर क्या

देखो जिसे भी वो लगे मुजरिम की तरह
इस दिल के ही अंदर छुपा है चोर क्या

चारों तरफ़ है बस ज़र-ओ-दौलत की होड़
लालच का कोई भी नहीं है छोर क्या

दिल भर गया है मेरा इस दुनिया से अब
तो अब चलूँ मैं भी तिरी ही ओर क्या

---

[95] effort

शे'र : 39

कुछ लोग तो पामाल[96] रास्तों से गुज़र जाते हैं और
हम हैं कि अच्छे रास्तों पर भी फिसलते जाते हैं

شعر:39

शे'र : 40

रिंदों के साथ बैठ के हम रिंद हो गए
फिर हम जहाँ गिरे उसी रस्ते पे सो गए

شعر:40

---

[96] trodden

<u>غزل : 21</u>

آتا نہیں ہے وقت پہ کوئی نظر مُجھے
سب دوست تنگ دِل ہیں نہیں تھی خبر مُجھے

اِس زندگی نے مُجھ سے کیا ہے یہی گِلہ
کیا ہی دِیا ہے آپ نے شام و سحر مُجھے

کیوں یوں ہوا میں زِیست کی ہلچل سے ڈر گیا
یوں تو بہت سے لوگ مِلے معتبر مُجھے

میں تو یہ چاہتا ہوں کہ تُو ساتھ ساتھ ہو
تجھ بِن نہ راس آئے گا یہ دریہ گھر مُجھے

اچّھا ہُوا جو راہ میں تُو ہی مُجھے مِلا
اک تُو ہی چاہیے تھا شریکِ سفر مُجھے

<u>ग़ज़ल : 21</u>

आता नहीं है वक़्त पे कोई नज़र मुझे
सब दोस्त तंग-दिल हैं नहीं थी ख़बर मुझे

इस ज़िंदगी ने मुझ से किया है यही गिला
क्या ही दिया है आप ने शाम-ओ-सहर मुझे

क्यों यूँ हुआ मैं ज़ीस्त की हलचल से डर गया
यूँ तो बहुत से लोग मिले मोतबर[97] मुझे

मैं तो ये चाहता हूँ कि तू साथ साथ हो
तुझ बिन न रास आएगा ये दर, ये घर मुझे

अच्छा हुआ जो राह में तू ही मुझे मिला
इक तू ही चाहिए था शरीक-ए-सफ़र मुझे

---

[97] reliable

शे'र : 41

जो भी लिखा था हम ने वो आख़िर गँवाना ही पड़ा
जब रात आई तो किताबों को जलाना ही पड़ा

شعر:41

جو بھی لِکھا تھا ہم نے وہ آخر گنوانا ہی پڑا

جب رات آئی تو کتابوں کو جلانا ہی پڑا

शे'र : 42

रात पुरनम है तपती सहर चाहिए
वो सहर अब मुझे पुर-असर चाहिए

شعر:42

رات پُر نم ہے تپتی سحر چاہیے

وہ سحر اب مجھے پُر اثر چاہیے

نظم : 7

(پتّہ اور گُل)

خُشک پتّہ ہوں جو گُل بننے چلا تھا

پر اُسی ڈالی پہ میں بھی تو کھلا تھا

کیوں نہ آئی مجھ سے خوشبو گُل کے جیسی

یوں تو میں بھی ساتھ اُن کے ہی پلا تھا

رنگ تھا میرا تو بس اک ہی طرح کا

رنگ ہر گُل کو چٹک سا بھی دِلا تھا

سب نے روندا کیوں گِرا جو شاخ سے میں

یوں اُسی سورج سے میں بھی تو جلا تھا

وہ ہی مِٹّی تھی رہا موسم بھی وہ ہی

کیا نِہاں تھا پھر کہ جِس شئے نے چھلا تھا

------------ ❖ ------------

<u>नज़्म : 7</u>

(पत्ता और गुल)

ख़ुश्क पत्ता हूँ जो गुल बनने चला था

पर उसी डाली पे मैं भी तो खिला था

क्यों न आई मुझ से ख़ुशबू गुल के जैसी

यूँ तो मैं भी साथ उन के ही पला था

रंग था मेरा तो बस इक ही तरह का

रंग हर गुल को चटक सा भी मिला था

सब ने रौंदा क्यों गिरा जो शाख़ से मैं

यूँ उसी सूरज से मैं भी तो जला था

वो ही मिट्टी थी रहा मौसम भी वो ही

क्या निहाँ[98] था फिर कि जिस शय[99] ने छला था

---

[98] hidden
[99] thing

<u>क़ित'अ : 21</u>

इसी रस्ते से मैं अक्सर गुज़रता हूँ
मैं जो गिरता हूँ तो फिर से उभरता हूँ

यही तरतीब[100] क्यों जारी है सदियों से
सवेरे जी उठूँ तो शब[101] को मरता हूँ

<u>قطعہ: 21</u>

اِسی رستے سے میں اکثر گزرتا ہوں

میں جو گِرتا ہوں تو پھر سے ابھرتا ہوں

یہی ترتیب کیوں ہے جاری صدیوں سے

سویرے جی اٹھوں تو شب کو مرتا ہوں

---

[100] arrangement
[101] night

<u>**क़ित'अ : 22**</u>

मंज़िलों की प्यास है ये ज़िंदगी

तेरी मेरी आस है ये ज़िंदगी

इस सफ़र में ख़ार[102] भी हैं गुल[103] के साथ

फिर भी कितनी ख़ास है ये ज़िंदगी

<u>قطعہ: 22</u>

منزِلوں کی پیاس ہے یہ زندگی

تیری میری آس ہے یہ زندگی

اِس سفر میں خار بھی ہیں گُل کے ساتھ

پھر بھی کتنی خاص ہے یہ زندگی

---

[102] thorns
[103] flower

<u>غزل : 22</u>

کب تک اپنی آنکھوں کو تُو خوابوں سے بہلائے گا
یاُوسی کا منظر اک دِن آنکھوں کو دِکھ جائے گا

کوئی اِس رستے پر چل کے پا لے گا اپنی منزل
لیکن کوئی اِس رستے کے کانٹوں سے گھبرائے گا

یوں تو رکھتے ہیں اس دل کو اپنے قابو میں ہر دم
پردے ہی دیں گے دل اس کو جو سینے سے لگائے گا

اہلِ دنیا کو تجھ سے یوں تو لاکھوں امیدیں ہیں
مانا سب ہے بس میں تیرے تُو کیا کیا سلجھائے گا

کیسے کہہ دوں یہ دلکش فن بس تجھ کو ہی حاصل ہے
اور بھی شاعر ہیں جن کو تُو سنتے ہی مسکائے گا

<u>ग़ज़ल : 22</u>

कब तक अपनी आँखों को तू ख़्वाबों से बहलाएगा
मायूसी का मंज़र इक दिन आँखों को दिख जाएगा

कोई इस रस्ते पर चल के पा लेगा अपनी मंज़िल
लेकिन कोई इस रस्ते के काँटों से घबराएगा

यूँ तो रखते हैं इस दिल को अपने क़ाबू में हर दम
पर दे ही देंगे दिल उस को जो सीने से लगाएगा

अहल-ए-दुनिया[104] को तुझ से यूँ तो लाखों उम्मीदें हैं
माना सब है बस में तेरे तू क्या क्या सुलझाएगा

कैसे कह दूँ ये दिलकश फ़न बस तुझ को ही हासिल है
और भी शाइर हैं जिन को तू सुनते ही मुस्काएगा

---

[104] people of the world

<u>शे'र : 43</u>

ये किस तरह की मय-कशी[105] है कौन सा इलाज है
तुम्हें दवा भी चाहिए तो ज़हर के लिबास[106] में

<u>شعر:43</u>

یہ کس طرح کی مے کشی ہے کون سا عِلاج ہے
تمہیں دوا بھی چاہیے تو زہر کے لِباس میں

<u>शे'र : 44</u>

राह ये बेहद कठिन है आप जाएँगे कहाँ तक
आप जाएँगे जहाँ तक सिर्फ़ पाएँगे वहाँ तक

<u>شعر:44</u>

راہ یہ بے حد کٹھن ہے آپ جائیں گے کہاں تک
آپ جائیں گے جہاں تک صِرف پائیں گے وہاں تک

---

[105] drinking alcohol
[106] envelope

<u>غزل : 23</u>

کچھ تو وہ بھی ہو مہربان کہیں

ابر برسے تو ہو مکان کہیں

درد دِل کا کہیں تو کیسے کہیں

دِل کی ہوتی ہے کیا زبان کہیں

ہم عجب کشمکش میں رہتے ہیں

دِل کہیں دے چکے بیان کہیں

اک کلی کو یہاں تو جلنا ہے

دھوپ آخر تو لے گی جان کہیں

وقت کی بس یہی خرابی ہے

اِس کی ہوتی نہیں دُکان کہیں

گاہے گاہے یہی ہو کیوں بولو

تم ملو مجھ سے پر ہو دھیان کہیں

چاند سورج بھی دُور ہیں ہم سے
ہم کہیں ہیں تو آسمان کہیں

زندگی تُو دُھواں دُھواں کیوں ہے
رفتہ رفتہ جلے ہے جان کہیں

آگ ہی آگ ہے جہاں دیکھو
روز جلتا ہے اب مکان کہیں

موت آئی تو زیست ہی نہ رہی
کِس طرح پھر بچے نِشان کہیں

پیار سے سب جہاں رہیں مِل کر
ایسا مِلتا نہیں جہان کہیں

<u>**ग़ज़ल : 23**</u>

कुछ तो वो भी हो मेहरबान कहीं
अब्र[107] बरसे तो हो मकान कहीं

दर्द दिल का कहें तो कैसे कहें
दिल की होती है क्या ज़बान कहीं

हम अजब कश्मकश में रहते हैं
दिल कहीं दे चुके बयान कहीं

इक कली को यहाँ तो जलना है
धूप आख़िर तो लेगी जान कहीं

वक़्त की बस यही ख़राबी है
इस की होती नहीं दुकान कहीं

गाहे-गाहे[108] यही हो क्यों बोलो
तुम मिलो मुझ से पर हो ध्यान कहीं

चाँद सूरज भी दूर हैं हम से
हम कहीं हैं तो आसमान कहीं

---

[107] cloud
[108] everytime

ज़िंदगी तू धुआँ धुआँ क्यों है
रफ़्ता रफ़्ता[109] जले है जान कहीं

आग ही आग है जहाँ देखो
रोज़ जलता है अब मकान कहीं

मौत आई तो ज़ीस्त[110] ही न रही
किस तरह फिर बचे निशान कहीं

प्यार से सब जहाँ रहें मिल कर
ऐसा मिलता नहीं जहान कहीं

---

[109] slowly slowly
[110] life

शे'र : 45

मेरी दुनिया को ये राज़ मालूम है
तुम कहीं ख़ुद से भी बे-ख़बर तो नहीं

شعر:45

میری دُنیا کو یہ راز معلُوم ہے
تم کہیں خود سے بھی بے خبر تو نہیں

शे'र : 46

दिल बाँध के रखा है रखा है फ़लक पे सर
मंज़िल तो दिख रही है मगर खो गया है घर

شعر:46

دِل باندھ کے رکھا ہے رکھا ہے فلک پہ سر
منزل تو دِکھ رہی ہے مگر کھو گیا ہے گھر

क़ित'अ : 23

पिघलती है ये क़तरा क़तरा रंग अपना बदलती है

तिरी गर्मी की जुंबिश[111] से तमन्ना भी फिसलती है

जवानी ख़त्म हो जाती है नादानी में जल जल के

दिल-ए-नादाँ को बिल-आख़िर[112] ये मिट्टी ही

निगलती है

———•◦❋◦•———

قطعہ 23:

پگھلتی ہے یہ قطرہ قطرہ رنگ اپنا بدلتی ہے

تری گرمی کی جنبش سے تمنا بھی پھسلتی ہے

جوانی ختم ہو جاتی ہے نادانی میں جل جل کے

دلِ ناداں کو بالآخر یہ مٹّی ہی نگلتی ہے

———•◦❋◦•———

---

[111] touch
[112] at last

क़ित'अ : 24

कोई तमाम रात का जगा हुआ
किसी निगाह से कोई रिहा हुआ

नज़र ही लग गई उसे रक़ीब[113] की
ज़माने भर से कोई बे-वफ़ा हुआ

------*------

قطعہ: 24

کوئی تمام رات کا جگا ہوا
کسی نگاہ سے کوئی رہا ہوا

نظر ہی لگ گئی اُسے رقیب کی
زمانے بھر سے کوئی بے وفا ہوا

------*------

---

[113] enemy/competitor

غزل : 24

ایک لمحہ بھی کیوں قرار نہیں
دِل بُجھا تو ہے سوگوار نہیں

تم تسلّی تو دے رہے ہو مجھے
غم پہ کیوں مجھ کو اِختیار نہیں

دِل سے زندہ ہو تو رہو دِل میں
دِل ہے میرا کوئی مزار نہیں

موت ہی جب نجات دے غم سے
کیوں ہمیں اُس کا اِنتظار نہیں

عکس دِکھ تو رہا ہے شیشے میں
میرے چہرے پہ وہ بہار نہیں

تیرے ہاتھوں میں کیوں یہ پتّھر ہے
اب کسی کو کسی سے پیار نہیں

لوگ اور بھی تو جل رہے ہیں یہاں

صرف تیرا ہی یہ غُبار نہیں

ग़ज़ल : 24

एक लम्हा भी क्यों क़रार नहीं
दिल बुझा[114] तो है सोगवार[115] नहीं

तुम तसल्ली तो दे रहे हो मुझे
ग़म पे क्यों मुझ को इख़्तियार[116] नहीं

दिल से ज़िंदा हो तो रहो दिल में
दिल है मेरा कोई मज़ार[117] नहीं

मौत ही जब नजात[118] दे ग़म से
क्यों हमें उस का इंतिज़ार नहीं

अक्स[119] दिख तो रहा है शीशे में
मेरे चेहरे पे वो बहार नहीं

तेरे हाथों में क्यों ये पत्थर है
अब किसी को किसी से प्यार नहीं

---

[114] sad
[115] lamenting
[116] control
[117] grave
[118] liberation
[119] reflection

लोग और भी तो जल रहे हैं यहाँ
सिर्फ़ तेरा ही ये गुबार[120] नहीं

---

[120] ashes

शे'र : 47

कुछ यहाँ बेवजह नहीं होता
आग हो तो धुआँ भी होता है

شعر: 47

کچھ یہاں بے وجہ نہیں ہوتا

آگ ہو تو دُھواں بھی ہوتا ہے

शे'र : 48

गुज़रे जब उस राह से देखा न मुड़ के
जो ख़लिश[121] थी छोड़ आए हैं सड़क पर

شعر: 48

گزرے جب اُس راہ سے دیکھا نہ مُڑ کے

جو خلش تھی چھوڑ آئے ہیں سڑک پر

---

[121] pain

نظم: 8

(دھرتی کی موجودہ حالت)

اپنا حال بتائے کیسے

پاؤں کی تھپ تھپ جسم کی حرکت

سب کی راہ بنائے کیسے

اپنا حال بتائے کیسے

شور مشینوں اور لوگوں کا

اپنا ساز سُنائے کیسے

دُھن جو دبی ہے جگائے کیسے

اپنا حال بتائے کیسے

گرد دُھواں سب گھیر کے بیٹھے

بادل پھر سے بچھائے کیسے

اپنا حال بتائے کیسے

سُورج ہے تپتا غُصّے میں

اُس کی آگ بجھائے کیسے

سُرخ ہیں اب آنکھیں بھی اُس کی

خود کو اُس سے چھپائے کیسے

اپنا حال بتائے کیسے

گھر کی نہیں ہے مکانوں کی ہوڑ

وُسعت اپنی بچائے کیسے

سِمٹی شکل دکھائے کیسے

اپنا حال بتائے کیسے

پیڑ بھی کاٹے پربت توڑے

شاخیں توڑیں دریا موڑے

دست و بازو بچائے کیسے

اپنا حال بتائے کیسے

بڑھتے ہی سارے جاتے ہیں

ینگتے انساں ینگتے واہن

لرزش اِتنی دبائے کیسے

اپنا حال بتائے کیسے

اب تو بہتی ندِیاں کالی

بہتا زہر ہے دریا دریا

خود کی پیاس بجھائے کیسے

اپنا حال بتائے کیسے

<u>नज़्म : 8</u>

(धरती की मौजूदा हालत)

अपना हाल बताए कैसे

पाँव की थप थप जिस्म की हरकत

सब की राह बनाए कैसे

अपना हाल बताए कैसे

शोर मशीनों और लोगों का

अपना साज़ सुनाए कैसे

धुन जो दबी है जगाए कैसे

अपना हाल बताए कैसे

गर्द धुआँ सब घेर के बैठे

बादल फिर से बिछाए कैसे

अपना हाल बताए कैसे

सूरज है तपता गुस्से में

उस की आग बुझाए कैसे

सुर्ख़ है अब आँखें भी उस की

ख़ुद को उस से छुपाए कैसे

अपना हाल बताए कैसे

घर की नहीं है मकानों की होड़[122]

वुसअत[123] अपनी बचाए कैसे

सिमटी शक्ल दिखाए कैसे

---

[122] race
[123] dimension

अपना हाल बताए कैसे

पेड़ भी काटे पर्बत तोड़े

शाख़ें तोड़ीं दरिया मोड़े

दस्त-ओ-बाज़ू बचाए कैसे

अपना हाल बताए कैसे

बढ़ते ही सारे जाते हैं

रेंगते इंसाँ रेंगते वाहन

लर्ज़िश[124] इतनी दबाए कैसे

अपना हाल बताए कैसे

अब तो बहती नदियाँ काली

बहता ज़हर है दरिया दरिया

ख़ुद की प्यास बुझाए कैसे

अपना हाल बताए कैसे

---

[124] trembling

<u>غزل : 25</u>

تمہیں تم سے چُرانا چاہتا ہوں

کہیں دل میں چُھپانا چاہتا ہوں

بھلے مُمکِن نہیں ہے تم کو پانا

میں خود کو آزمانا چاہتا ہوں

کبھی بچّوں سے تھی یاری ہماری

میں پھر سے کھلکِھلانا چاہتا ہوں

بہت سے لوگ تم سے آشنا ہیں

میں سب کا جی جلانا چاہتا ہوں

کِسی خاموش دریا کے کِنارے

میں تجھ میں ڈُوب جانا چاہتا ہوں

<u>**ग़ज़ल : 25**</u>

तुम्हें तुम से चुराना चाहता हूँ
कहीं दिल में छुपाना चाहता हूँ

भले मुमकिन नहीं है तुम को पाना
मैं ख़ुद को आज़माना चाहता हूँ

कभी बच्चों से थी यारी हमारी
मैं फिर से खिलखिलाना चाहता हूँ

बहुत से लोग तुम से आश्ना हैं
मैं सब का जी जलाना चाहता हूँ

किसी ख़ामोश दरिया के किनारे
मैं तुझ में डूब जाना चाहता हूँ

शे'र : 49

धूप-छाँव है ज़िंदगी और क्या
है ये क़िस्मत की दिल-लगी[125] और क्या

شعر:49

دھوپ چھاؤں ہے زندگی اور کیا
ہے یہ قِسمت کی دِل لگی اور کیا

शे'र : 50

हासिल नहीं अब कुछ भी आहों के सिवा
दरकार[126] थी मंज़िल मशक़्क़त[127] के बिना

شعر:50

حاصل نہیں اب کچھ بھی آہوں کے سوا
درکار تھی منزل مشقت کے بنا

---

[125] joke
[126] required
[127] hard work

<u>क़ित'अ : 25</u>

किसी उम्मीद को यूँ पाल रक्खा है
कि लाचारी को कल पर टाल रक्खा है

हमें तो आज ही पाना है तुझ को दोस्त
तिरा कल के लिए रूमाल रक्खा है

—————••❋••—————

<u>قطعہ :25</u>

کِسی امید کو یوں پال رکّھا ہے
کہ لاچاری کو کل پر ٹال رکّھا ہے

ہمیں تو آج ہی پانا ہے تجھ کو دوست
ترا کل کے لِئے رُومال رکّھا ہے

—————••❋••—————

<u>क़ित'अ : 26</u>

तराश मुझ को कि कोई मिरा सिरा[128] निकले
सिरा दिखे जो अगर कोई सिलसिला निकले

वो सिलसिला हो तिरी मेरी ज़िंदगानी का
अगर जो निकले तो हर लफ़्ज़ हर गिला निकले

<u>قطعہ :26</u>

تراش مجھ کو کہ کوئی مرا سرا نکلے

سرا دکھے جو اگر کوئی سلسلہ نکلے

وہ سلسلہ ہو تری میری زندگانی کا

اگر جو نکلے تو ہر لفظ ہر گلہ نکلے

---

[128] end

<u>غزل : 26</u>

ہم کو خبر نہ تھی کہ ہمیں درد کیا ملا

دیکھا جو پیٹھ کو تو ترا ہی چھرا ملا

میں ڈھونڈھنے چلا تھا مُحبّت کا جو نشاں

دِل ہائے وہ تو راہ میں بے خود پڑا ملا

کیا کچھ گُزر رہی ہے کسی دِل پہ دیکھیے

اِس کو تو درد کوئی بہت بے مزا ملا

اک رنگ منچ سی ہو گئی ہے یہ زندگی

اُس پر سِتم یہ ہے کہ تمہیں مُدّعا ملا

چاروں طرف سے آگ برستی تھی ہم پہ تب

ہے شکر اب ترا کہ ترا آسرا ملا

یوں تو بہت سے لوگ مِلے راہ میں ہمیں

لیکن جو بھی مِلا وہ بہت بے وفا ملا

گُل کا مِزاج دیکھ کے کھلتا ہے میرا دل

کانٹوں میں بھی دِکھا وہ اگر تو کھلا بِلا

ہر پیڑ پر نظر ہے زمانے کی دیر سے

کیا خوب یہ پرِند کو گھر بے رِدا بِلا

———•※•———

<u>ग़ज़ल : 26</u>

हम को ख़बर न थी कि हमें दर्द क्या मिला
देखा जो पीठ को तो तिरा ही छुरा मिला

मैं ढूँढने चला था मोहब्बत का जो निशाँ
दिल हाए वो तो राह में बे-ख़ुद पड़ा मिला

क्या कुछ गुज़र रही है किसी दिल पे देखिए
इसको तो दर्द कोई बहुत बे-मज़ा मिला

इक रंग मंच सी हो गई है ये ज़िन्दगी
उस पर सितम ये है कि तुम्हें मुद्दआ[129] मिला

चारों तरफ़ से आग बरसती थी हम पे तब
है शुक्र अब तिरा कि तिरा आसरा मिला

यूँ तो बहुत से लोग मिले राह में हमें
लेकिन जो भी मिला वो बहुत बे-वफ़ा मिला

गुल का मिज़ाज[130] देख के खिलता है मेरा दिल
काँटों में भी दिखा वो अगर तो खिला मिला

---

[129] issue/matter
[130] temperament

हर पेड़ पर नज़र है ज़माने की देर से
क्या ख़ूब ये परिंद[131] को घर बे-रिदा[132] मिला

---

[131] bird
[132] without cloak

शे'र : 51

चले हैं दूर तेरी महफ़िलों से हम
तलाशना है अब सुकून और कहीं

شعر: 51

چلے ہیں دور تیری محفلوں سے ہم

تلاشنا ہے اب سکون اور کہیں

शे'र : 52

अब तो अपने ही लिए हासिल नहीं
"वक़्त कितना क़ीमती है आज कल"[133]

شعر: 52

اب تو اپنے ہی لِئے حاصِل نہیں

"وقت کتنا قیمتی ہے آج کل"[134]

---

133 Saani Misra By Shakeel Badayuni
134 Saani Misra By Shakeel Badayuni

غزل : 27

خود کو کھو کر بھی تیرا حصّہ نہ بنا

زور بہت مارا میرا رستہ نہ بنا

میں نے پُوچھا تھا حل اپنی غریبی کا

بات میں بات نہ تھی کوئی فتنہ نہ بنا

دیتا رہتا ہے تُو درد سبھی کو یہاں

میرا کوئی بھی درد مگر شعلہ نہ بنا

ایک ہی روٹی کھائی بانٹ کے یوں ہم نے

غُربت میں بھی دیکھ کوئی قصہ نہ بنا

وقت کی شاخوں کو تو ہلاتا ہوں لیکن

گِرتا پھر وہ پل ویسا لمحہ نہ بنا

<u>ग़ज़ल : 27</u>

ख़ुद को खोकर भी तेरा हिस्सा न बना
ज़ोर बहुत मारा मेरा रस्ता न बना

मैं ने पूछा था हल अपनी ग़रीबी का
बात में बात न थी कोई फ़ित्ना न बना

देता रहता है तू दर्द सभी को यहाँ
मेरा कोई भी दर्द मगर शोला न बना

एक ही रोटी खाई बाँट के यूँ हम ने
ग़ुर्बत में भी देख कोई क़िस्सा न बना

वक़्त की शाख़ों को तो हिलाता हूँ लेकिन
गिरता फिर वो पल वैसा लम्हा न बना

शे'र : 53

ग़ालिब के रंज-ओ-ग़म देख के माना हम उन से
अच्छे
उन को पढ़ के समझे क्या है दिया उस सूरज के
आगे

شعر : 53

غالب کے رنج و غم دیکھ کے مانا ہم اُن سے اچّھے
اُن کو پڑھ کے سمجھے کیا ہے دِیا اُس سورج کے آگے

शे'र : 54

दिल का अश्कों से सिलसिला रखना
ज़िंदगी का अटल तमाशा है

شعر : 54

دل سے اشکوں کا سِلسِلہ رکھنا
زِندگی کا اٹل تماشا ہے

نظم: 9

(وِدھاتا)

نہ پوچھ مُجھ سے تو حال دِل کا

نہ پوچھ مُجھ سے کہ کون ہوں میں

نہ پوچھ مُجھ سے کہ میں کہاں ہوں

میں ایک ذرّہ ہوں در بدر سا

تری ہی راہوں میں ہوں میں اُلجھا

تری ہی چاہت میں ہوں میں دھندلا

نہ پوچھ مُجھ سے تو حال دِل کا

کہ دھوپ سے کب تلک میں چُھپتا

کہ چھاؤں کو کب تلک میں تکتا

سو میں چلا ہوں تری ہی جانب

تُو آخری سچ تُو ہی وِدھاتا

<u>नज़्म : 9</u>

(विधाता)

न पूछ मुझ से तू हाल दिल का

न पूछ मुझ से कि कौन हूँ मैं

न पूछ मुझ से कि मैं कहाँ हूँ

मैं एक ज़र्रा हूँ दर-ब-दर सा

तेरी ही राहों में हूँ मैं उलझा

तेरी ही चाहत में हूँ मैं धुँदला

न पूछ मुझ से तू हाल दिल का

कि धूप से कब तलक मैं छुपता

कि छाँव को कब तलक मैं तकता

सो मैं चला हूँ तेरी ही जानिब

तू आख़िरी सच तू ही विधाता

<u>क़ित'अ : 27</u>

बुझा चराग़ तोड़ना ज़रूरी तो नहीं
हवा के ज़ोर से बुझी है रौशनी मिरी

तू फिर से मुझ को लौ लगा के देख ले ज़रा
चमक उठेगी फिर ये शाम-ए-ज़िंदगी तिरी

— ❋ —

<u>قطعہ :27</u>

بُجھا چراغ توڑنا ضروری تو نہیں

ہوا کے زور سے بُجھی ہے روشنی مری

تُو پھر سے مجھ کو لو لگا کے دیکھ لے ذرا

چمک اُٹھے گی پھر یہ شامِ زندگی تری

— ❋ —

<u>क़ित'अ : 28</u>

माँगता ही रहा कुछ मिला भी नहीं
साँस लेता रहा मैं जिया भी नहीं

बस में कुछ भी नहीं मेरे ऐ ज़िंदगी
मेरे हक़ में तो मेरी दुआ भी नहीं

—————❈———

<u>قطعہ :28</u>

مانگتا ہی رہا کچھ مِلا بھی نہیں

سانس لیتا رہا میں جِیا بھی نہیں

بس میں کچھ بھی نہیں میرے اے زندگی

میرے حق میں تو میری دُعا بھی نہیں

—————❈———

غزل : 28

زندگی سے یہ سلسلہ کیوں ہے
لازمی کوئی حادِثہ کیوں ہے

رہنمائی تری ہے یہ کیسی
موت ہی آخری پتہ کیوں ہے

پھول کوئی نہیں ہے راہوں میں
اور کانٹوں کا قافلہ کیوں ہے

تیرے ہونے سے ہو رہا ہے نشہ
دل میں ساقی یہ ولولہ کیوں ہے

روز چلتے ہیں تیری ہی جانب
پھر بھی لیکن یہ فاصلہ کیوں ہے

تجھ سے دل بھی لگا کے دیکھ لیا
تلخ ہی تیرا تجربہ کیوں ہے

زندگی تجھ سے کِس طرح پوچھیں
جانے ہم سے تُجھے گلہ کیوں ہے

<u>ग़ज़ल : 28</u>

ज़िंदगी से ये सिलसिला क्यों है
लाज़मी[135] कोई हादिसा क्यों है

रहनुमाई[136] तिरी है ये कैसी
मौत ही आख़िरी पता क्यों है

फूल कोई नहीं है राहों में
और काँटों का क़ाफ़िला क्यों है

तेरे होने से हो रहा है नशा
दिल में साक़ी ये वलवला[137] क्यों है

रोज़ चलते हैं तेरी ही जानिब
फिर भी लेकिन ये फ़ासला क्यों है

तुझ से दिल भी लगा के देख लिया
तल्ख़[138] ही तेरा तजरबा क्यों है

ज़िंदगी तुझ से किस तरह पूछें
जाने हम से तुझे गिला क्यों है

———•••━✳━•••———

---

135 necessary
136 leadership
137 uproar
138 bitter

शे'र : 55

ऐ रब तू कहीं तो बस्ता मंदिर में है तो मस्जिद में
भी
ये माया है या जादू है कि तुझे भी सब्र-ओ-क़रार
नहीं

✳

شعر : 55

اے رب تُو کہیں تو بستا مندر میں ہے تو مسجد میں بھی

یہ مایا ہے یا جادو ہے کہ تجھے بھی صبر و قرار نہیں

✳

शे'र : 56

"नहीं" लफ़्ज़ का इस क़दर ज़ोर है ज़िंदगी पर
कि मुमकिन[139] नहीं एक भी हाँ मिरी ज़िंदगी में

شعر : 56

"نہیں" لفظ کا اِس قدر زور ہے زندگی پر

کہ ممکن نہیں ایک بھی ہاں مری زندگی میں

✳

---

[139] possible

غزل : 29

یہ کِس کا یک بہ یک خیال آگیا

جو رُخ پہ تیرے پھر جمال آگیا

گِلے شکایتیں نہیں کریں گے اب

زباں پہ اُن کے بھی سوال آگیا

کہاں کہاں سے آ رہے ہو ٹوٹ کر

یہ زندگی میں کیا ملال آگیا

خُدا سے پوچھتے ہیں لوگ اب سوال

کہ پوچھنے کا اب کمال آگیا

ترس گئے ہیں کھیت بوند بوند کو

یہ کیا کہ پھر سے خُشک سال آگیا

ہوا کے زور سے سفر میں گِر گئے

عجب یہ راہ میں زوال آگیا

<u>ग़ज़ल : 29</u>

ये किस का यक-ब-यक ख़याल आ गया
जो रुख़ पे तेरे फिर जमाल आ गया

गिले शिकायतें नहीं करेंगे अब
ज़बाँ पे उन के भी सवाल आ गया

कहाँ कहाँ से आ रहे हो टूट कर
ये ज़िंदगी में क्या मलाल आ गया

ख़ुदा से पूछते हैं लोग अब सवाल
कि पूछने का अब कमाल आ गया

तरस गए हैं खेत बूँद बूँद को
ये क्या कि फिर से ख़ुश्क साल आ गया

हवा के ज़ोर से सफ़र में गिर गए
अजब ये राह में ज़वाल[140] आ गया

---

[140] decline

शे'र : 57

और भी ग़म ज़ीस्त[141] में हैं सिर्फ़ अपना ही नहीं

और सितम ये है कि हस्ती[142] से रिहाई भी नहीं

شعر: 57

اور بھی غم زیست میں ہیں صرف اپنا ہی نہیں

اور ستم یہ ہے کہ ہستی سے رہائی بھی نہیں

शे'र : 58

हम तमन्नाओं के बहलावे में आ तो जाएँ लेकिन

शौक़ वो बाक़ी कहाँ वो हौसला लाएँ कहाँ से

شعر: 58

ہم تمناؤں کے بہلاوے میں آ تو جائیں لیکن

شوق وہ باقی کہاں وہ حوصلہ لائیں کہاں سے

---

[141] life
[142] existence

क़ित'अ : 29

वक़्त मिरे हिस्से की मिट्टी खींच गया
गर्द से और धुएँ से मुझ को सींच गया

मैं खिलता भी तो क्या खिलता आँगन में
वह ज़ालिम हस्ती भी मेरी भींच[143] गया

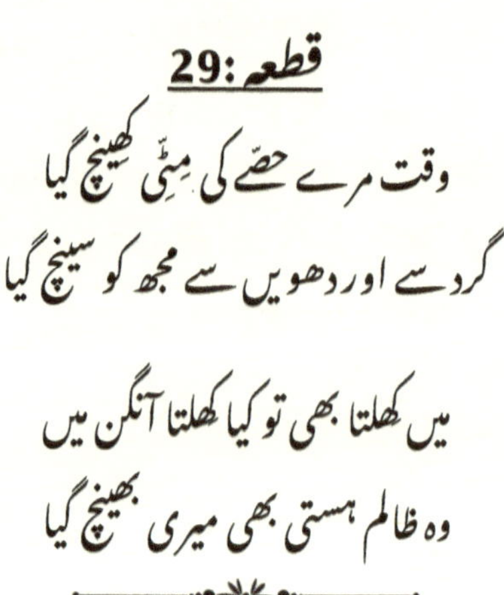

---

[143] squeeze

<u>क़ित'अ : 30</u>

ऐ रब तिरी तलाश से उकता गया हूँ मैं
चलते ही तेरी राह पे मुरझा गया हूँ मैं

थोड़ा तो खोल दे तू भी दिल का किवाड़[144] अब
हर बार ना-उमीद ही भेजा गया हूँ मैं

<u>قطعہ :30</u>

اے رب تری تلاش سے اُکتا گیا ہوں میں

چلتے ہی تیری راہ پہ مرجھا گیا ہوں میں

تھوڑا تو کھول دے تُو بھی دل کا کِواڑ اب

ہر بار نا امید ہی بھیجا گیا ہوں میں

---

[144] door

غزل : 30

کوئی اِس اور اگر شوق سے آیا ہوتا

راہ میں ہم نے چراغوں کو جلایا ہوتا

ہر نظر دور سے کہتی ہے چلے بھی آؤ

صرف تم نے ہی اِشارے سے بُلایا ہوتا

وقت کا کیا ہے گزرتا ہے گزر جانے سے

لطف ہر وقت کا تُو نے تو اُٹھایا ہوتا

ٹوٹتا ہوں جو ذرا سا تو بکھر جاتا ہوں

کاش پتّھر سے مِرا جسم بنایا ہوتا

پھول کھلتے ہی لرزتا ہے ترے کانٹے سے

پھول پر ایسے مُحافِظ کا نہ سایا ہوتا

<u>ग़ज़ल : 30</u>

कोई इस ओर अगर शौक़ से आया होता
राह में हम ने चराग़ों को जलाया होता

हर नज़र दूर से कहती है चले भी आओ
सिर्फ़ तुम ने ही इशारे से बुलाया होता

वक़्त का क्या है गुज़रता है गुज़र जाने से
लुत्फ़ हर वक़्त का तू ने तो उठाया होता

टूटता हूँ जो ज़रा सा तो बिखर जाता हूँ
काश पत्थर से मेरा जिस्म बनाया होता

फूल खिलते ही लरज़ता[145] है तिरे काँटे से
फूल पर ऐसे मुहाफ़िज़[146] का न साया होता

---

[145] tremble with fear
[146] protector

शे'र : 59

कोई दुनिया में आ कर तंग तो कोई न जाने से
सभी इंसाँ परेशाँ हैं किसी ज़ाती[147] बहाने से

شعر : 59

کوئی دنیا میں آ کر تنگ تو کوئی نہ جانے سے

سبھی انساں پریشاں ہیں کسی ذاتی بہانے سے

शे'र : 60

किसी ग़रीब के लिए यहाँ कोई दवा नहीं
इलाज हो कहाँ कि ज़ख़्म कोई भी दिखा नहीं

شعر : 60

کسی غریب کے لئے یہاں کوئی دوا نہیں

علاج ہو کہاں کہ زخم کوئی بھی دِکھا نہیں

---

[147] personal